Éco-conception web : les 100 bonnes pratiques

Doper son site et réduire son empreinte écologique

S. BORDAGE. – **Conduite de projet Web**.
N°13308, 6e édition, 2011, 480 pages.

M. NEBRA. – **Réussir son site web avec XHTML et CSS.**
N°12485, 3e édition, 2010, 318 pages.

N. CHU. – **Réussir un projet de site web**.
N°12742, 6e édition, 2010, 256 pages.

A. BOUCHER. – **Ergonomie web.** *Pour des sites web efficaces.*
N°13215, 3e édition, 2011, 356 pages.

F.-X. et L. BOIS. – **WordPress 3 pour le blogueur efficace.**
N°12829, 2010, 320 pages.

T. BAILLET. – **Créer son premier thème WordPress pour mobile.**
N°13441, 2012, 128 pages.

H. COCRIAMONT. – **Réussir son premier site Joomla! 2.5.**
N°13425, 2012, 160 pages.

F. DRAILLARD. – **Premiers pas en CSS et XHTML**. *CSS 3 et HTML 5.*
N°13388, 4e édition, 2012, 342 pages.

X. TANNIER. – **Se protéger sur Internet.** *Conseils pour la vie en ligne.*
N°12774, 2010, 232 pages.

C. SCHILLINGER. – **Intégration web : les bonnes pratiques.**
N°13370, 2012, 412 pages.

K. DELOUMEAU-PRIGENT. – **CSS maintenables avec Sass & Compass.**
N°13417, 2012, 272 pages.

S. DAUMAL. – **Design d'expérience utilisateur.** *Principes et méthodes.*
N°13456, 2012, 192 pages.

I. CANIVET & J.-M. HARDY. – **La stratégie de contenu en pratique.** *30 outils passés au crible.*
N°13510, 2012, 170 pages.

DANS LA COLLECTION A BOOK APART

E. MARCOTTE. – **Responsive Web Design**.
N°13331, 2011, 160 pages.

J. KEITH. – **HTML5 pour les web designers**.
N°12861, 2010, 98 pages.

D. CEDERHOLM. – **CSS3 pour les web designers**.
N°12987, 2011, 132 pages.

E. KISSANE. – **Stratégie de contenu web**.
N°13279, 2011, 96 pages.

A. WALTER. – **Design émotionnel**.
N°13398, 2011, 110 pages.

L. WROBLEWSKI. – **Mobile first**.
N°13406, 2012, 144 pages.

M. MONTEIRO. – **Métier Web designer.**
N°13527, 2012, 156 pages.

Éco-conception web : les 100 bonnes pratiques

Doper son site et réduire son empreinte écologique

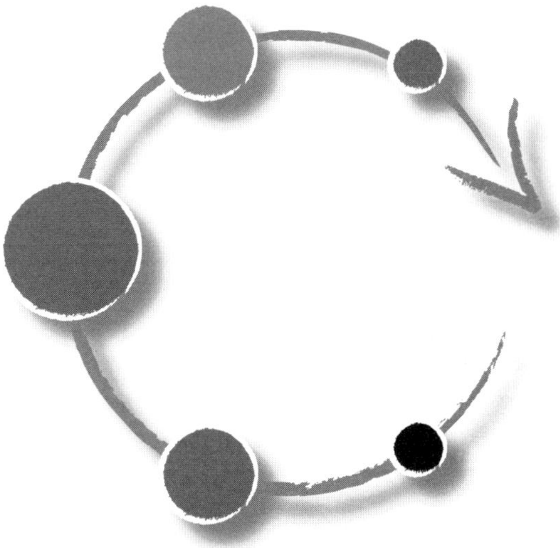

Frédéric Bordage

Avec la contribution de Stéphane Bordage,
Jérémy Chatard et Olivier Philippot

EYROLLES

ÉDITIONS EYROLLES
61, bd Saint-Germain
75240 Paris Cedex 05
www.editions-eyrolles.com

Nous remercions tout particulièrement la Banque Cantonale de Fribourg, qui est à l'initiative de ce référentiel de bonnes pratiques d'éco-conception web. Sans elle, cet ouvrage n'existerait pas.

Banque Cantonale
de Fribourg

IMPRIM'VERT

Certifié PEFC
Ce produit est issu de forêts gérées durablement et de sources contrôlées.
PEFC™
10-31-2568
pefc-france.org

Achevé d'imprimer : EMD S.A.S.
N° d'éditeur : 8828 - N° d'imprimeur : 27238
Dépôt légal : octobre 2012
Imprimé en France

Cet ouvrage est imprimé - pour l'intérieur - sur papier Lys Galilée 120 g des papeteries M.REAL, dont les usines ont obtenu la certification environnementale ISO 14001 et opèrent conformément aux normes ECF et EMAS

Préface

Le réchauffement climatique est une réalité : la période 2002 à 2011 a été la plus chaude jamais enregistrée depuis 1850. Il est responsable de la désertification, de la raréfaction de l'eau et de l'accroissement d'épidémies. Il provoque une hausse du niveau des océans et un accroissement de leur acidité, avec des conséquences dramatiques sur les infrastructures côtières et les réserves de pêche. En 2009, le Forum humanitaire mondial enregistrait déjà 300 000 victimes annuelles du changement climatique. À terme, le dérèglement climatique menacerait l'existence de 325 millions d'humains et en ferait déplacer 26 millions.

Le réchauffement climatique est principalement dû aux gaz à effet de serre. Parmi eux se distingue le dioxyde de carbone (CO_2), dont la concentration dans l'atmosphère a augmenté de 40 % depuis le début de l'ère industrielle. Sur le total des émissions de CO_2 provenant de l'activité humaine, 2 % sont attribuables aux Technologies de l'information et de la communication (TIC). Avec la multiplication des équipements informatiques, l'explosion des données *(Big Data)* et la prolifération de l'Internet mobile, ce taux devrait doubler d'ici 2020, dépassant celui de l'aviation civile !

C'est dans ce contexte que la Banque Cantonale de Fribourg (BCF) a mis en œuvre une politique green IT globale. L'hébergement des serveurs est externalisé dans un centre de données certifié ISO 14001 dont l'efficacité énergétique (PUE) atteint 1,4. La virtualisation de 80 % des serveurs divise par dix le nombre de machines physiques nécessaires. Les postes de travail de la BCF sont certifiés par des écolabels tels qu'Energy Star et EPEAT. Les ordinateurs sont éteints automatiquement en fin de journée. Les imprimantes sont configurées par défaut en mode recto verso et utilisent une police de caractère plus économe en *toner*. Les données sont régulièrement détruites, libérant par an 40 % de l'espace de stockage. Ces dispositions ont pour but de réduire les coûts d'exploitation des TIC, mais également l'empreinte écologique associée.

Pour innover encore davantage, la BCF a développé la première banque en ligne « CO_2 neutre » selon la norme ISO 14064. Les résidus de CO_2

émis par les transactions financières de ses clients sont compensés par les certificats d'un projet de reforestation en Afrique.

Enrichie par ces expériences, la BCF a décidé d'appliquer les pratiques de l'éco-conception lors de la refonte de son site web. À cet effet, elle s'est assuré les conseils de GreenIT.fr, Breek et GreenIT Consulting pour élaborer un cahier des charges adéquat, qui a ensuite conduit au présent ouvrage.

Ce guide pose les bases d'une éco-conception des sites web. Celles-ci sont pratiques et peuvent être mises en œuvre aisément : deux éléments qui **doivent** encourager les entreprises comme les éditeurs à les appliquer pour bénéficier d'un avantage concurrentiel décisif.

Christian Meixenberger
Directeur division centre de service
Banque Cantonale de Fribourg

Sommaire

Code client

Général

JavaScript

DOM

Code serveur

Général

Contenu

Introduction

Chaque mois, 23 millions de gigaoctets de données inutiles[1] sont téléchargées par les internautes pour afficher des sites web mal conçus, soit 5 millions d'heures d'attente pour rien ! Outre la gêne occasionnée, le transfert et l'affichage de ces éléments superflus (scripts, images, etc.) ralentissent l'exécution de ces sites et nécessitent une infrastructure physique surdimensionnée dont l'empreinte écologique et le coût sont colossaux.

Heureusement, cette situation n'est pas une fatalité. Comme le montrent les retours d'expérience d'entreprises pionnières comme Facebook, Microsoft[2] ou la Banque Cantonale de Fribourg, il est possible d'améliorer les performances d'un site web (notamment d'écourter son temps de chargement), tout en réduisant son empreinte écologique et son coût. Grâce à l'éco-conception, on peut offrir des temps de réponse raccourcis aux internautes, ce qui se traduit par des économies et un geste fort pour la planète.

Facebook a ainsi divisé par deux le nombre de serveurs nécessaires à son fonctionnement, en compilant en C++ le code PHP de son site. Ce passage d'un code interprété à un code binaire lui a permis de réduire de moitié les émissions de gaz à effet de serre de son centre informatique. Il lui a aussi évité la construction d'un nouveau centre, soit plusieurs milliers de tonnes de gaz à effet de serre en moins dans l'atmosphère et une économie avoisinant les 100 millions de dollars.

Une fois l'infrastructure matérielle optimisée (virtualisation, serveurs peu énergivores, *free cooling*...), l'éco-conception logicielle constitue le seul levier permettant de réduire l'empreinte économique et écologique d'un site web. Cette démarche va donc s'avérer incontournable lorsque les autres approches du green IT (informatique éco-responsable) se seront généralisées.

---

1. GTMetrix, 2010
2. Étude Microsoft Research sur la performance du moteur de recherche Bing

Bien entendu, l'éco-conception n'est pas réservée aux ténors du web : toutes les entreprises peuvent suivre cette démarche. C'est pourquoi nous vous proposons un référentiel de 100 bonnes pratiques d'éco-conception logicielle *(green design patterns)*[3], que vous pourrez appliquer tout au long du cycle de vie de votre site web : de la conception au développement en passant par son exploitation. Avec à la clé, une empreinte ressources[4] divisée au minimum par deux. À vous de jouer !

L'empreinte écologique des sites web

En 2012, les infrastructures de l'Internet (data centers, réseaux, etc.) et le web mobile représentent 3 % de la consommation électrique mondiale[5], et les émissions de gaz à effet de serre associées dépassent 2 % du total émis par l'humanité, soit autant que celles de l'aviation civile. Sans éco-conception web, l'Internet consommera autant d'énergie dans 25 ans que la terre toute entière en 2008[6]. Il faut dire qu'avec le développement des pays émergents (Chine, Inde, Brésil), on attend un milliard d'internautes supplémentaires dans les dix ans à venir[7]. Et l'essor des applications mobiles ne fera qu'empirer la situation actuelle...

Autre exemple : en 2009, les 300 millions d'utilisateurs de Facebook y passaient 8 milliards de minutes par jour. L'infrastructure technique[8] consommait environ 100 millions de kWh par an, soit autant que la consommation électrique annuelle de 2 millions de Français ou de 43 millions de Malgaches[9] ! En termes d'émission de gaz à effet de serre, les data centers de Facebook ont émis 60 000 tonnes par an[10] en 2009, soit 1/10ᵉ des émissions du Laos.

Et encore, ces chiffres ne prennent en compte que les serveurs de Facebook. Or, selon l'Ademe (Agence de l'environnement et de la maîtrise

---

3. Littéralement « motifs d'éco-conception logicielle »
4. Quantité de ressources informatiques (mémoire vive, cycles processeur, espace disque, bande passante, etc.) nécessaire à l'exécution d'un logiciel
5. GreenIT.fr, Frédéric Bordage, 2012
6. Calcul réalisé par Gerhard Fettweis de l'université de Dresde, rapporté par GreenIT.fr, 2008
7. GreenIT.fr, Frédéric Bordage, 2008
8. 30 000 serveurs web fonctionnant 24 h/24, 800 serveurs cache et quelques milliers de serveurs pour le stockage des données
9. GreenIT.fr, Frédéric Bordage, 2009
10. GreenIT.fr, Frédéric Bordage, 2009

de l'énergie), l'essentiel des impacts environnementaux liés à une page web (épuisement des ressources non renouvelables, pollutions des sols et de l'air, eutrophisation de l'eau, etc.) sont corrélés au temps passé par l'internaute devant son ordinateur... et à la durée de vie de cet ordinateur[11]. La réduction de l'empreinte écologique du réseau et des serveurs n'est donc pas suffisante. Il faut surtout réduire les besoins en ressources du code qui s'exécute dans le navigateur de l'internaute, pour lui permettre de conserver un ordinateur fonctionnel plus longtemps.

L'éco-conception web

La réduction de l'empreinte écologique des sites web passe essentiellement par la diminution :

- du temps de téléchargement des contenus et donc des quantités de données transférées ;
- de la puissance informatique nécessaire à l'affichage des pages web ;
- du nombre de serveurs nécessaires à la fabrication des pages web dynamiques.

Contrairement à une démarche traditionnelle d'optimisation des performances d'un site qui relève de l'efficacité[12], l'éco-conception vise à trouver l'équilibre entre le niveau de performance à atteindre et la quantité de ressources mises en œuvre pour y parvenir. On parle alors d'efficience[13]. Il est en effet facile d'obtenir des performances très élevées par une débauche de moyens. Mais ces moyens ont un coût écologique et économique. Éco-concevoir un site web consiste à adopter le bon compromis.

L'éco-conception s'applique à chaque étape du cycle de vie du site web. Ainsi, l'expression des besoins fonctionnels se focalisera sur les 20 % de fonctionnalités indispensables à 80 % des internautes[14], tandis que la conception graphique devra tenir compte des contraintes de performance. Quant au développement, il devra optimiser le temps de réponse (ou la

11. Ademe, 2011, « Analyses de Cycles de Vies des Technologies - Courriers électroniques, requête Web, clé USB : quels impacts environnementaux ? »
12. Capacité à atteindre un objectif, quels que soient les moyens déployés
13. Anglicisme issu du terme *efficiency*. Il s'agit d'utiliser le moins de ressources possible pour atteindre un objectif.
14. 37signals, 2006, *Getting Real*, notamment les chapitres 3 et 5 (version gratuite sur http://gettingreal.37signals.com)

quantité de résultats retournés) en fonction des ressources nécessaires à l'exécution du code, etc. En effet, comme l'a démontré récemment Microsoft, il peut être avantageux de fournir un nombre limité de résultats, pour ne pas trop solliciter les ressources physiques. Par exemple, en n'affichant que 20 résultats, le moteur de recherche Bing consomme 80 % d'électricité en moins[15] !

Des bonnes pratiques qui font consensus

Afin de garantir la qualité et l'efficacité des bonnes pratiques que nous vous proposons dans ce référentiel, chacune d'entre elles a été mise au point par des experts reconnus (Breek, Green Code Lab, GreenIT.fr, GreenIT Consulting) et validée par un ensemble de partenaires institutionnels représentatifs tels que l'Alliance Green IT et l'Afdel. Ces bonnes pratiques ont été ensuite testées grandeur nature par la Banque Cantonale de Fribourg (BCF), première banque cantonale suisse en 2011 en termes de résultats, lors de la refonte de son site web *www.bcf.ch.* Il faut saluer la démarche citoyenne de la BCF qui a accepté de reverser ce référentiel dans le domaine public, afin que les partenaires du projet puissent réaliser une « revue critique »[16] et en publier les résultats. Sans la Banque Cantonale de Fribourg, ce livre n'existerait donc pas.

Les auteurs et partenaires du référentiel

Ce référentiel de bonnes pratiques a été mis au point pour la Banque Cantonale de Fribourg et piloté par GreenIT consulting. GreenIT.fr et Breek se sont chargés de la réalisation et le Green Code Lab de la revue critique. La pertinence du référentiel a ensuite été validée par des partenaires institutionnels représentatifs de la filière, notamment l'Alliance Green IT et l'Afdel.

GreenIT consulting est le premier cabinet suisse de conseil en green IT. Il intervient sur des missions d'accompagnement telles que l'écoconception logicielle, la réduction des volumes d'impression, l'efficience énergétique des data centers, la réalisation d'audits green IT, etc.
www.greenITconsulting.ch

---

15. Étude Microsoft Research
16. Cette pratique est fréquente chez les scientifiques qui valident la pertinence de leurs recherches en soumettant leurs travaux à d'autres scientifiques pour une revue critique avant publication.

Breek est une agence web spécialisée dans l'accompagnement des projets Internet des entreprises. Son expertise en matière de gestion de projet est présentée dans le livre *Conduite de projet Web*, paru chez Eyrolles (6e édition publiée en novembre 2011). Breek est également l'un des spécialistes français de Drupal, du développement d'applications mobiles HTML5 et du développement d'applications iOS/OS X pour enfants.
www.breek.fr

Fondé en 2004, **GreenIT.fr** fédère chaque mois 25 000 professionnels francophones des écoTIC et des TIC durables, autour d'un contenu riche et exclusif, issu du terrain : bonnes pratiques, réglementation, actualité, agenda des manifestations, offres d'emploi, etc. Les 39 contributeurs de GreenIT.fr, permanents ou invités, tous professionnels du domaine, participent également à la structuration des TIC durables et du green IT en France au sein d'organismes reconnus tels que l'Ademe, l'Afnor (Association française de normalisation), l'Alliance Green IT, l'Afdel et le Syntec.
www.greenit.fr

Le **Green Code Lab** regroupe les experts français de l'éco-conception logicielle. Au-delà du recensement des bonnes pratiques, ses fondateurs, tous experts du domaine, ont publié le premier livre sur ce sujet : *Green Patterns : manuel d'éco-conception des logiciels* (1re édition en janvier 2012 chez Lulu.com). Le Green Code Lab supporte différentes initiatives telles que le projet Code Vert et assiste des institutions comme l'Afnor pour la normalisation des bonnes pratiques logicielles.
www.greencodelab.fr

L'Alliance Green IT (AGIT) regroupe les 34 spécialistes du green IT en France. Cette association d'entreprises a pour mission de fédérer les acteurs du green IT, afin de contribuer au débat public sur la place des TIC dans le développement durable et de professionnaliser le secteur. Elle s'est fixée pour objectifs d'éduquer les organisations (entreprises, collectivités, etc.) aux enjeux des TIC éco-responsables, de participer à la création des futures normes et réglementations, de promouvoir les éco-innovations de rupture, d'identifier et de partager les bonnes pratiques pour accélérer leur adoption, et de lutter contre le *greenwashing*.
www.alliancegreenit.org

L'Association française des éditeurs de logiciels et de solutions Internet (Afdel) regroupe plus de 300 sociétés : de grands acteurs nationaux,

dont les tout premiers, mais aussi internationaux (Microsoft France, SAP, Sage) et surtout de nombreuses PME de toutes tailles et start-ups très innovantes. Elle est le porte-parole de référence de la profession. L'Afdel travaille sur le sujet de l'éco-conception logicielle au sein de sa commission « Green Software ».
www.afdel.fr

Comment lire ce guide ?

Afin de faciliter la lecture de ce référentiel, chaque bonne pratique est présentée sous la forme d'une fiche descriptive, illustrée par un exemple de code concret quand cela est possible.

Ces fiches sont classées en fonction de :
- l'étape du cycle de vie du site web : conception, templating, code, hébergement, production du contenu, etc. ;
- la technologie impliquée : HTML, JavaScript, CSS, SQL...

Sur chaque fiche sont indiqués :
- le degré de priorité de la bonne pratique (prioritaire, conseillée, facultative) ;
- le niveau de difficulté de sa mise en œuvre ;
- sa capacité à réduire l'empreinte écologique du site web.

Priorité

ÉCHELLE	SIGNIFICATION
PRIORITAIRE	Cette bonne pratique est prioritaire, car elle possède un grand potentiel de réduction de l'empreinte écologique, tout en étant facile à mettre en œuvre, ou bien elle est indispensable pour appliquer d'autres bonnes pratiques clés.
CONSEILLÉ	Cette bonne pratique possède un potentiel intéressant de réduction de l'empreinte écologique, tout en étant relativement facile à mettre en œuvre. Elle offre donc un bon compromis entre le temps passé et le résultat obtenu.
NON PRIORITAIRE	Bien que cette bonne pratique permette de limiter les besoins en ressources, son potentiel d'économie est faible ou sa mise en œuvre difficile.

Mise en œuvre

ÉCHELLE	SIGNIFICATION
MISE EN ŒUVRE DIFFICILE	La mise en œuvre de cette bonne pratique nécessite un niveau d'expertise élevé, suppose un certain temps de développement, ou passe par un point complexe à gérer. Sa réalisation n'est pas à la portée de tous les prestataires.
MISE EN ŒUVRE STANDARD	N'importe quel prestataire spécialisé dans le développement de sites web peut mettre en œuvre cette bonne pratique.
MISE EN ŒUVRE FACILE	La mise en œuvre de cette bonne pratique est rapide, sans risques, et ne nécessite pas d'expertise particulière.

Impact écologique

ÉCHELLE	SIGNIFICATION
IMPACT ÉCOLOGIQUE FORT	Cette bonne pratique possède un potentiel élevé de réduction de l'empreinte ressources (et donc écologique et économique).
IMPACT ÉCOLOGIQUE MOYEN	Cette bonne pratique possède un potentiel moyen de réduction de l'empreinte ressources (et donc écologique et économique).
IMPACT ÉCOLOGIQUE FAIBLE	Cette bonne pratique permet d'économiser des ressources (par exemple, des cycles CPU), mais l'impact écologique résultant est minime.

Chaque fiche mentionne également, sous forme d'icônes, les différentes ressources techniques économisées grâce à la bonne pratique.

Ressources économisées

ICÔNE	SIGNIFICATION
PROCESSEUR	Pour réduire la consommation électrique et donc les émissions de CO_2 et de déchets radioactifs associés, il faut diminuer le nombre de cycles processeur (cycles CPU) nécessaires à la réalisation d'un traitement. À performance égale, plus le nombre de cycles est faible, meilleure est l'éco-conception. La diminution des besoins CPU permet également d'allonger la durée de vie des terminaux.
MÉMOIRE VIVE	Plus un site web requiert de mémoire vive pour son fonctionnement, plus son empreinte écologique est importante. La diminution des besoins en mémoire vive permet aussi d'allonger la durée de vie active des équipements (ordinateurs, serveurs, terminaux mobiles) et donc de limiter la quantité de déchets électroniques associés.
STOCKAGE	Avec l'augmentation de la taille des données, le stockage est le composant du data center dont la consommation électrique croît le plus vite. Limiter la quantité et la taille des données à stocker a donc un impact important sur la consommation électrique côté serveur.
RÉSEAU	La bande passante nécessaire au fonctionnement du site web a un impact sur les performances et l'empreinte écologique. Plus elle est faible, plus le site est rapide et son empreinte écologique limitée.
REQUÊTES	Même s'il ne s'agit pas d'une ressource physique en tant que telle, le nombre de requêtes (HTTP, SQL, etc.) nécessaires au fonctionnement du site web dimensionne en partie les besoins en ressources physiques. C'est donc un indicateur technique clé pour mesurer l'impact de la couche logicielle sur l'infrastructure physique.

Pour aller plus loin

Cet ouvrage répertorie les 100 bonnes pratiques en matière d'éco-conception web. Pour nous faire part de vos remarques ou pour proposer d'autres bonnes pratiques, nous vous donnons rendez-vous sur le site *www.ecoconceptionweb.com.*

Conception

Architecture

Design

Bonne pratique n° 1

Choisir les technologies les plus adaptées

PRIORITAIRE	MISE EN ŒUVRE DIFFICILE	IMPACT ÉCOLOGIQUE FORT

RESSOURCES ÉCONOMISÉES

Le choix des technologies étant primordial pour optimiser les ressources, sélectionner l'outil le plus économe en fonction de ses besoins et de ses contraintes métier.

Voici les cinq grandes familles de solutions disponibles, classées de la plus à la moins performante en termes de green IT :

- site statique (réalisé avec un logiciel spécialisé tel que Dreamweaver, ou avec un éditeur de code) ;
- site généré (par exemple avec Jekyll, outil basé sur Ruby qui apporte des systèmes d'inclusion de templates, des mécanismes de génération d'URL, etc.) ;
- site dynamique développé sur mesure (avec PHP, J2EE, .NET, etc.) ;
- site dynamique développé sur mesure avec un framework (de type Symfony) ;
- site dynamique développé avec un CMS (comme Drupal, Joomla!, Jahia, etc.).

En effet, plus la solution retenue est « packagée », plus elle empile des couches d'abstraction qui dégradent la performance.

Exemple

Un système de tchat sera bien plus performant et économique s'il est développé en JavaScript via Node.js qu'avec une solution PHP.

Utiliser un framework ou développer sur mesure

CONSEILLÉ	MISE EN ŒUVRE DIFFICILE	IMPACT ÉCOLOGIQUE FORT

RESSOURCES ÉCONOMISÉES

Utiliser un framework ou un développement sur mesure, afin de bénéficier d'une plus grande liberté dans l'optimisation de certains processus. Les CMS sont en effet plus contraignants et imposent des fonctionnements parfois gourmands en ressources pour atteindre leur principal objectif, la souplesse.

Ainsi, pour la gestion de ses modules, le CMS Drupal utilise un système de « hook », qui repose sur une convention de nommage des fonctions contenues dans ces modules. Mais tester l'existence de fonctions est un processus qui consomme des ressources. Tandis que les développements sur mesure n'ont pas à « découvrir » l'existence de fonctions puisqu'elles sont déjà connues.

Exemple

Éviter ce type d'implémentation lorsque c'est possible :

```
<?php
foreach ($list as $module) {
  if (function_exists($module . '_' . $hook)) {
    // Do some stuff here...
  }
}
?>
```

Bonne pratique n° 3

Favoriser les pages statiques

CONSEILLÉ	MISE EN ŒUVRE DIFFICILE	IMPACT ÉCOLOGIQUE FOR

RESSOURCES ÉCONOMISÉES

Si une page ne doit être modifiée que deux fois par an, préférer des pages statiques, construites en dehors du CMS. Cela permettra d'économiser des cycles CPU, de la bande passante, et réduira la consommation électrique.

L'utilisation d'un système de gestion de contenu dynamique requiert en effet de charger les différentes couches logicielles pour servir le contenu demandé par l'internaute : le serveur HTTP, le serveur d'applications, le système de stockage du contenu (base de données), éventuellement les systèmes de cache associés, etc. En revanche, un fichier statique est directement lu et renvoyé à l'internaute par le serveur HTTP ou le serveur de cache, sans solliciter le serveur d'applications ou la base de données.

Exemple

- Fichier statique : seul le serveur HTTP est sollicité.
- Contenu stocké de façon dynamique : le serveur HTTP, le serveur d'applications (PHP, Python, Ruby, Java, etc.) et le serveur de base de données (MySQL, Oracle, SQL Server...) sont sollicités.

Bonne pratique n° 4

Utiliser certains forks applicatifs orientés « performance »

PRIORITAIRE	MISE EN ŒUVRE DIFFICILE	IMPACT ÉCOLOGIQUE FORT

RESSOURCES ÉCONOMISÉES

Les logiciels open source sont souvent « forkés » (dérivés) pour des raisons de performance. Or un gain de performance implique généralement une réduction en termes de consommation de ressources. Par conséquent, si un fork optimisé existe et offre un périmètre fonctionnel et technique suffisant pour votre projet, vous devez l'utiliser.

Exemple

- À Drupal, préférer plutôt la version optimisée Pressflow.
- À MySQL, préférer plutôt la version optimisée Percona Server.

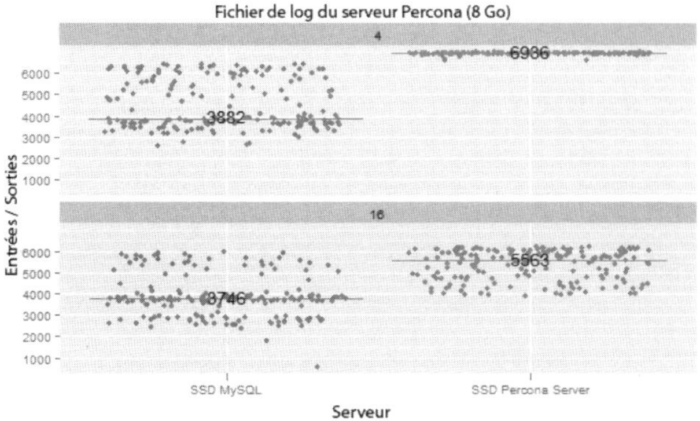

Percona Server affiche des performances près de deux fois supérieures à celles de MySQL Server (Source : Percona Inc.).

Bonne pratique n° 5

Favoriser un design simple, épuré et adapté au Web

PRIORITAIRE	MISE EN ŒUVRE STANDARD	IMPACT ÉCOLOGIQUE FORT

RESSOURCES ÉCONOMISÉES

Exploiter les fonctionnalités d'HTML5 et de CSS3 pour concevoir le design d'un site. Il ne faut surtout pas imaginer un site sans prendre en compte les contraintes techniques, puis essayer de le réaliser.

Exemple

Proposer des dégradés de couleurs, un style de coins arrondis, etc., qui puissent être réalisés en CSS3 au lieu de nécessiter des images.

```
/* Exemple de bords arrondis */
.box_round {
  -webkit-border-radius: 12px; /* Saf3-4, iOS
1-3.2, Android ≤1.6 */
          border-radius: 12px; /* Opera 10.5, IE9,
Saf5, Chrome, FF4+, iOS 4, Android 2.1+ */
  /* useful if you don't want a bg color from
leaking outside the border: */
  -moz-background-clip: padding; -webkit-background-
clip: padding-box; background-clip: padding-box;
}

/* Exemple d'ombre sous la boite */
.box_shadow {
  -webkit-box-shadow: 0px 0px 4px 0px #ffffff; /*
Saf3-4, iOS 4.0.2 - 4.2, Android 2.3+ */
          box-shadow: 0px 0px 4px 0px #ffffff; /*
Opera 10.5, IE9, FF4+, Chrome 6+, iOS 5 */
}
```

Imaginer des bandeaux, headers, etc., de sorte que le texte, les fonds de couleur, etc. soient réalisables en HTML/CSS. Pour plus d'exemples, voir :

http://css3please.com

Créer un site « responsive »

CONSEILLÉ	MISE EN ŒUVRE DIFFICILE	IMPACT ÉCOLOGIQUE FORT

RESSOURCES ÉCONOMISÉES

Adapter l'affichage du site en fonction du contexte de visualisation : ordinateur de bureau, tablette Wi-Fi, smartphone EDGE, etc.

Exemple

Prenons le cas d'une page d'accueil d'un site institutionnel, avec une image en background et un carrousel.

Visualisation sur un ordinateur de bureau avec écran 1 024 ou supérieur :

- image de background (1 600 × 1 200 → 250 Ko) ;
- 1 vidéo à 3 Mo et 3 images à 80 Ko ;
- méga menu avec effets de transition (800 Ko) ;
- structure de la page à 250 Ko (HTML, CSS, JavaScript, images) ;
- contenu à 10 Ko.

Soit 4,5 Mo au total après visualisation du carrousel.

Visualisation sur un iPhone :

- pas d'image de background ;
- 1 vidéo optimisée à 1,2 Mo et 3 images à 10 Ko ;
- menu adapté sous la forme d'une liste déroulante (1 Ko) ;
- structure adaptée à 5 Ko (HTML, CSS) ;
- contenu à 10 Ko.

Soit 1,2 Mo au total après visualisation du carrousel.

On aboutit donc à une optimisation de 3,3 Mo pour cette page. Avec ne serait-ce que 5 000 pages vues sur mobile chaque mois, on imagine le gain final !

Templating

- HTML
- CSS
- Polices
- Images

Bonne pratique n° 7

Externaliser les CSS et JavaScript

PRIORITAIRE	MISE EN ŒUVRE FACILE	IMPACT ÉCOLOGIQUE FORT

RESSOURCES ÉCONOMISÉES

Veiller à ce que les codes CSS et JavaScript ne soient pas embarqués dans le code HTML de la page, à l'exception d'éventuelles variables de configuration pour les objets JavaScript.

En effet, si vous incluez du code CSS ou JavaScript dans le corps du fichier HTML, alors que ce dernier est utilisé par plusieurs pages (voire tout le site), ce code doit être transféré pour chaque page demandée par l' internaute, ce qui augmente le volume de données transmises. En revanche, si les codes CSS et JavaScript sont inclus dans leurs propres fichiers, le navigateur peut les stocker dans son système de cache local afin de ne pas les redemander.

Exemple

Dans le code HTML, ne pas écrire :

```
<style type="text/css" media="screen">
  p { color: #333, margin: 2px 0 }
  /* Toutes les déclarations CSS du site */
</style>
```

mais plutôt :

```
<link href="css/styles.css" rel="stylesheet">
```

Bonne pratique n° 8

Valider les pages auprès du W3C

CONSEILLÉ	MISE EN ŒUVRE FACILE	IMPACT ÉCOLOGIQUE FAIBLE

RESSOURCES ÉCONOMISÉES

Vérifier que le code HTML des pages est bien formé. Dans le cas contraire, le navigateur corrigera dynamiquement un certain nombre d'éléments pour afficher au mieux les pages posant problème. Ces corrections dynamiques consomment inutilement des ressources à chaque chargement des pages concernées.

Exemple

Utiliser le validateur du W3C *(World Wide Web Consortium)* pour vérifier que les pages sont bien valides et que le code HTML est correctement formé :

http://validator.w3.org

Découper les CSS

PRIORITAIRE	MISE EN ŒUVRE STANDARD	IMPACT ÉCOLOGIQUE FOR

RESSOURCES ÉCONOMISÉES

Employer un ensemble de CSS plutôt qu'une seule, et appeler uniquement les CSS utiles en fonction du contexte. Cettte méthode permet de limiter le poids de la page lors du premier téléchargement, donc d'économiser de la bande passante et de réduire la charge CPU.

Exemple

Découper les CSS en fonction de la logique fonctionnelle :

- layout ;
- content ;
- module x ;
- module y ;
- etc.

Dans le cas d'un site fonctionnellement riche, cela permettra d'exclure toutes les CSS des modules non utilisés. Le nombre de CSS doit rester raisonnable, plus pour des questions de maintenabilité que de performance, dans la mesure où les CSS générales (« layout » et « content » dans notre exemple) seront concaténées en un seul fichier. Les CSS complémentaires (ici, « module x » et « module y ») seront téléchargées en fonction du contexte (page, fonctionnalités...).

Bonne pratique n° 10

Limiter le nombre CSS et les compresser

PRIORITAIRE	MISE EN ŒUVRE FACILE	IMPACT ÉCOLOGIQUE FORT

RESSOURCES ÉCONOMISÉES

Limiter le nombre de CSS pour ne pas multiplier les requêtes HTTP. Si plusieurs feuilles de style sont utilisées sur toutes les pages du site, concaténez-les dans un seul fichier.

Certains CMS et frameworks fournissent des solutions automatiques pour effectuer ce type d'optimisation. Il est également possible de paramétrer le serveur HTTP pour qu'il réduise la taille des feuilles de style en les compressant (voir la bonne pratique n° 76).

Exemple

Avec le serveur web Apache, il suffit d'ajouter dans le fichier de configuration `.htaccess` la ligne suivante :

```
# compress css :
AddOutputFilterByType DEFLATE text/css
```

Cette instruction active le mode Deflate qui compresse toutes les feuilles de style entre le serveur et le client HTTP.

En savoir plus sur Deflate :

http://httpd.apache.org/docs/2.4/mod/mod_deflate.html

Bonne pratique n° 11

Préférer les CSS aux images

PRIORITAIRE	MISE EN ŒUVRE FACILE	IMPACT ÉCOLOGIQUE FOR

RESSOURCES ÉCONOMISÉES

Utiliser les propriétés CSS3 à la place d'images. En effet, le poids d'une feuille de style est bien plus faible, surtout si elle est compressée.

En outre, l'appel d'une feuille de style ne génère qu'une seule requête HTTP, contre un grand nombre si l'on emploie beaucoup d'images (une requête HTTP pour chaque image).

Exemple

Les coins arrondis des cases doivent être gérés en CSS3 plutôt qu'avec des images.

Préférer l'écriture :

```
#cadre {
  border-radius: 10px;
}
<dvi id="cadre">
  <p>
  Lorem ipsum dolor sit amet, consectetur
adipiscing elit.
  </p>
</div>
```

Bonne pratique n° 12

Minifier les fichiers CSS

PRIORITAIRE	MISE EN ŒUVRE FACILE	IMPACT ÉCOLOGIQUE FORT

RESSOURCES ÉCONOMISÉES

Utiliser un outil tel que YUI Compressor pour supprimer les espaces et sauts de ligne inutiles. Le module Apache mod_pagespeed de Google permet aussi d'automatiser cette opération.

Exemple

YUI Compressor de Yahoo! fournit un ensemble de filtres spécialisés, qui permettent notamment d'effectuer les opérations suivantes :

- suppression des commentaires et des espaces ;
- suppression du dernier point-virgule ;
- suppression des points-virgules superflus ;
- suppression des déclarations vides ;
- suppression des unités quand la valeur est `0` et concaténation des `0` en un seul ;
- suppression du `0` pour les valeurs inférieures à `1` ;
- remplacement des couleurs RGB en hexa et remplacement des hexa codées sur 6 caractères par des hexa codées sur 3 caractères ;
- suppression des `charsets` supplémentaires ;
- optimisation des valeurs d'opacité de la couche alpha sur Internet Explorer ;
- remplacement de `none` par `0`.

Bonne pratique n° 13

Écrire des sélecteurs CSS efficaces

PRIORITAIRE	MISE EN ŒUVRE FACILE	IMPACT ÉCOLOGIQUE FAIBLE

RESSOURCES ÉCONOMISÉES

Privilégier les sélecteurs basés sur des ID ou des classes. Ils seront ainsi filtrés plus rapidement, économisant des cycles CPU à la machine interprétant les règles.

Exemple

Ne pas écrire :

```
treeitem[mailfolder="true"] > treerow > treecell {…}
```

mais plutôt :

```
.treecell-mailfolder {…}
```

Ne pas écrire :

```
treehead > treerow > treecell {…}
```

mais plutôt :

```
.treecell-header {…}
```

Pour aller plus loin :

https://developer.mozilla.org/en/Writing_Efficient_CSS

Bonne pratique n° 14

Grouper les déclarations CSS similaires

PRIORITAIRE	MISE EN ŒUVRE FACILE	IMPACT ÉCOLOGIQUE FORT

RESSOURCES ÉCONOMISÉES

Lorsque plusieurs éléments du DOM *(Document Object Model)* ont des propriétés CSS communes, les déclarer ensemble dans la même feuille de style. Cette méthode permet de réduire le poids de la CSS.

Exemple

Ne pas écrire :

```
h1 {
  background-color: gray;
  color: navy;
}

h2 {
  background-color: gray;
  color: navy;
}

h3 {
  background-color: gray;
  color: navy;
}
```

mais plutôt :

```
h1, h2, h3 {
  background-color: gray;
  color: navy;
}
```

Utiliser les notations CSS abrégées

PRIORITAIRE	MISE EN ŒUVRE FACILE	IMPACT ÉCOLOGIQUE FORT

RESSOURCES ÉCONOMISÉES

Utiliser les notations CSS abrégées pour réduire le poids de la feuille de style.

Exemple

Ne pas écrire :

```
margin-top:1em;
margin-right:0;
margin-bottom:2em;
margin-left:0.5em;
```

mais plutôt :

```
margin:1em 0 2em 0.5em;
```

Pour aller plus loin :

www.w3.org/TR/CSS2

www.456bereastreet.com/archive/200502/efficient_css_with_shorthand_properties

Toujours fournir une CSS print

PRIORITAIRE	MISE EN ŒUVRE FACILE	IMPACT ÉCOLOGIQUE FORT
3/3	1/3	3/3

RESSOURCES ÉCONOMISÉES

Outre le service apporté à l'internaute, cette feuille de style réduit le nombre de pages imprimées, et donc indirectement l'empreinte écologique du site web. La plus dépouillée possible, elle doit proposer une police de caractères économe en encre (Century Gothic, par exemple). Pensez aussi à masquer le header, le footer, le menu, le sidebar, supprimer toutes les images sauf celles du contenu, etc.

Exemple

Cette CSS print « nettoie » la page affichée à l'écran afin de proposer une impression épurée :

```
body {
  background-color :#fff;
  font-family :Serif;
  font-size :15pt;
}
#page {
  margin :0;
  border :none;
}
#banner, #menuright, #footer {
  display :none;
}
h1#top {
  margin :0;
  padding :0;
  text-indent :0;
  line-height :25pt;
  font-size :25pt;
}
(...)
```

Bonne pratique n° 17

Utiliser les commentaires conditionnels

PRIORITAIRE	MISE EN ŒUVRE FACILE	IMPACT ÉCOLOGIQUE FORT

RESSOURCES ÉCONOMISÉES

Si des ressources spécifiques doivent être transmises à certains navigateurs, utiliser les commentaires conditionnels afin que les autres navigateurs ne téléchargent pas inutilement ces ressources.

Exemple

Dans le cas de la prise en charge du navigateur Internet Explorer 7, on peut par exemple ajouter le commentaire conditionnel suivant :

```
<!--[if lte IE 7]>
<link type="text/css" rel="stylesheet" media="all"
href="/fix-ie.css" />
<![endif]-->
```

Bonne pratique n° 18

Générer des spritesheets CSS

CONSEILLÉ	MISE EN ŒUVRE DIFFICILE	IMPACT ÉCOLOGIQUE FORT

RESSOURCES ÉCONOMISÉES

Regrouper les images de petite taille (celles de l'interface du site, par exemple) dans une seule image de plus grande taille appelée sprite-sheet.

Ce procédé réduit significativement le nombre de requêtes HTTP. De nombreux services en ligne gratuits (CSS Sprite Generator du Project Fondue, CSSsprites.com, SpriteMe.org...) permettent de générer ces spritesheets.

Exemple

Voici quelques adresses de générateurs de sprites :

http://csssprites.com

http://csspritegenerator.net

http://spritegen.website-performance.org

http://spriteme.org

http://csssprites.org

http://css-sprit.es

http://wearekiss.com/spritepad

http://draeton.github.com/stitches

Favoriser les polices standards

PRIORITAIRE	MISE EN ŒUVRE FACILE	IMPACT ÉCOLOGIQUE FOR

RESSOURCES ÉCONOMISÉES

Préférer les polices standards, car elles sont déjà présentes sur l'ordinateur de l'internaute, qui n'a donc pas besoin de les télécharger. On économise ainsi de la bande passante, tout en accélérant l'affichage du site.

Exemple

Dans la mesure du possible, privilégier des polices de caractères comme :

- Courier New ;
- Georgia ;
- Arial ;
- Comic ;
- Impact ;
- Tahoma ;
- Trebuchet MS ;
- Times New Roman ;
- Verdana ;
- Segoe UI.

Pour aller plus loin :

http://en.wikipedia.org/wiki/List_of_typefaces_included_with_Mac_OS_X

www.awayback.com/revised-font-stack

www.codestyle.org/css/font-family/sampler-CombinedResultsFull.shtml

Bonne pratique n° 20

Préférer les glyphes aux images

CONSEILLÉ	MISE EN ŒUVRE FACILE	IMPACT ÉCOLOGIQUE FORT
2/3	1/3	3/3

RESSOURCES ÉCONOMISÉES

Les glyphes sont inclus dans les polices de caractères du système d'exploitation. Les préférer par conséquent aux images, notamment pour réaliser des effets sur les listes HTML, car ils sont plus économes en bande passante.

Exemple

Si vous remplacez une image par un glyphe présent dans une police système, la bande passante économisée est égale au poids de l'image non utilisée.

Pour aller plus loin :

http://coding.smashingmagazine.com/2011/03/19/styling-elements-with-glyphs-sprites-and-pseudo-elements

Optimiser les images

PRIORITAIRE	MISE EN ŒUVRE FACILE	IMPACT ÉCOLOGIQUE FOR

RESSOURCES ÉCONOMISÉES

Choisir le type d'image le plus adapté au contexte : image en noir et blanc, palette limitée de couleurs, besoin de transparence… Ce choix porte notamment sur le format du fichier, le niveau de compression et le nombre de couleurs (256 couleurs, RGB 24 bits, etc.).

Pour optimiser les images, utiliser un logiciel spécialisé comme pngcrush, ImageMagick ou jpegtran.

Exemple

Le choix d'un encodage sur 8 ou 24 bits est crucial pour le format PNG :

- 41 Ko en PNG 24 (16 millions de couleurs, transparence) ;
- 12 Ko en PNG 8 - 256 (plus qu'un canal alpha, seulement 256 couleurs) ;
- 8 Ko en PNG 8 - 64 (plus qu'un canal alpha, seulement 64 couleurs).

Par ailleurs, il est possible d'optimiser le poids de l'image grâce à des outils spécialisés. Par exemple, un fichier PNG de 249 Ko passe à 199 Ko après optimisation avec pngcrush (20 % plus léger).

Enfin, l'agrégation des images sur un sprite optimise globalement les images, puisque le sprite est toujours plus léger que la somme des images (voir la bonne pratique n° 18).

Bonne pratique n° 22

Mettre en cache le favicon.ico

PRIORITAIRE	MISE EN ŒUVRE FACILE	IMPACT ÉCOLOGIQUE FORT

RESSOURCES ÉCONOMISÉES

Le favicon.ico est la petite image qui s'affiche très souvent dans la barre d'adresse, à côté de l'URL du site. Non seulement son poids doit être optimisé, mais il faut absolument qu'il soit présent en cache. En effet, ce petit fichier est appelé par le navigateur sur toutes les pages, quoi qu'il arrive.

Par ailleurs, il est recommandé de toujours prévoir ce type de fichier, car certains navigateurs le demandent même s'il n'y en a pas, ce qui génère des erreurs 404.

Exemple

Ajouter dans le fichier `.htaccess` :

```
<IfModule mod_header.c>
  <FilesMatch "\.ico$">
    # cache .ico files for 1 year(31536000 sec)
    Header set Cache-control max-age=31536000
  </FilesMatch>
</IfModule>
```

Bonne pratique n° 23

Supprimer les balises images dont l'attribut SRC est vide

PRIORITAIRE	MISE EN ŒUVRE FACILE	IMPACT ÉCOLOGIQUE FOR

RESSOURCES ÉCONOMISÉES

Si une balise image est présente et que son attribut SRC est vide, le navigateur va appeler la page d'index du niveau d'arborescence où il se situe, générant des requêtes HTTP supplémentaires et inutiles.

Exemple

La balise image suivante demandera au serveur le fichier `index` du répertoire `foo` :

```
<img src='' alt=''>
```

sur une page située à l'URL :

http://domain.tld/foo/bar.html

Code client

Général

JavaScript

DOM

Bonne pratique n° 24

Limiter le recours aux plug-ins

PRIORITAIRE	MISE EN ŒUVRE FACILE	IMPACT ÉCOLOGIQUE MOY

RESSOURCES ÉCONOMISÉES

Éviter d'utiliser des plug-ins (Flash Player, machines virtuelles Java et Silverlight, etc.), car certains consomment beaucoup de ressources (cycles CPU et mémoire vive). C'est notamment le cas du Flash Player d'Adobe, à tel point qu'Apple a décidé de ne pas installer cette technologie sur ses terminaux mobiles afin de garantir une meilleure autonomie. Préférer les technologies standards comme HTML5, ECMAScript, etc.

Exemple

Pour réaliser un back office basé sur du *drag and drop*, préférer l'utilisation de jQuery à celle de Flash.

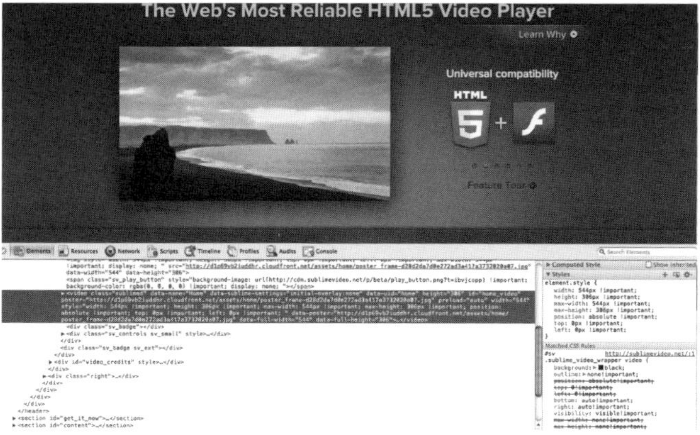

Les navigateurs compatibles HTML5 peuvent lire nativement des vidéos afin d'éviter l'utilisation d'un plug-in (source : Jilion).

Éviter d'utiliser eval()

PRIORITAIRE	MISE EN ŒUVRE FACILE	IMPACT ÉCOLOGIQUE FAIBLE

RESSOURCES ÉCONOMISÉES

La fonction `eval()` évalue et exécute une chaîne de caractères, ce qui implique une recompilation et une réinterprétation du code lors de l'exécution. Outre les risques de sécurité, cela présente l'inconvénient d'empêcher la mise en cache par le navigateur du code généré, puisque la chaîne de caractères peut contenir des variables qui évoluent au cours de l'exécution du programme.

Exemple

Le code contenu dans la variable `code` ne peut être mis en cache par le navigateur :

```
function anyRoutine(index) {
  // Do something here
  console.log(index);
}
var foo = 5,
  code = 'for (var i = foo; i > 0; i--) {
anyRoutine(i); };';
eval(code);
```

Bonne pratique n° 26

Préférer les fonctions aux strings, en argument à setTimeout() et setInterval

PRIORITAIRE	MISE EN ŒUVRE STANDARD	IMPACT ÉCOLOGIQUE FOR

RESSOURCES ÉCONOMISÉES

`setTimeout()` et `setInterval()` peuvent prendre en argument des fonctions ou des chaînes de caractères (strings). D'après la bonne pratique précédente, il est déconseillé d'utiliser `eval()` et donc de passer des chaînes de caractères. Par ailleurs, si l'argument passé est une chaîne, le moteur d'interprétation va devoir l'évaluer pour la transformer en code. En revanche, si cet argument est une fonction ou une référence à une fonction, l'évaluation ne sera pas nécessaire, ce qui permettra d'économiser des cycles CPU.

Exemple

Ne pas écrire :

```
var timeoutID = setTimeout('console.log("Hello
Dolly");', 1000);
```

mais plutôt :

```
var uneFonction = function() {
  console.log('Hello Dolly');
}
var timeoutID = setTimeout(uneFonction, 1000);
```

Limiter l'utilisation de setTimeout()

CONSEILLÉ	MISE EN ŒUVRE STANDARD	IMPACT ÉCOLOGIQUE FAIBLE

RESSOURCES ÉCONOMISÉES

Éviter d'employer la fonction `setTimeout()`, que l'on doit parfois utiliser avec une chaîne de caractères au lieu d'une fonction.

Exemple

Si aucun autre choix n'est possible, préférer cette syntaxe :

```
window.setTimeout(function() {
  generateOutput(true);
}, 1000);
```

à la syntaxe suivante :

```
window.setTimeout('window.parent.generateOutput()',
1000);
```

Afin de libérer des ressources, vous pouvez annuler le déclenchement de la fonction à l'aide de `window.clearTimeout()`.

Si vous souhaitez que la fonction soit appelée de manière répétée (c'est-à-dire toutes les *n* millisecondes), utilisez de préférence `window.setInterval()`.

Pour aller plus loin :

https://developer.mozilla.org/fr/DOM/window.setTimeout

Bonne pratique n° 28

Respecter le principe de navigation rapide dans l'historique

CONSEILLÉ	MISE EN ŒUVRE STANDARD	IMPACT ÉCOLOGIQUE FC

RESSOURCES ÉCONOMISÉES

Les navigateurs possèdent une fonction de navigation rapide dans l'historique (boutons Page précédente et Page suivante). Grâce à cette fonction, il n'est pas nécessaire de redemander la page au serveur, puis de la recharger. On évite ainsi de consommer inutilement de la bande passante et de générer des requêtes HTTP supplémentaires.

Par conséquent, ne pas prévoir d'éléments qui rendent la page inutilisable après l'avoir quittée.

Exemple

Éviter :

- les boutons de formulaire qui se désactivent lors de la soumission ;
- les menus qui ne fonctionnent plus après un clic ;
- les effets JavaScript qui font disparaître le contenu de la page lorsqu'on la quitte.

Bonne pratique n° 29

Éviter les boucles for...in

CONSEILLÉ	MISE EN ŒUVRE STANDARD	IMPACT ÉCOLOGIQUE MOYEN

RESSOURCES ÉCONOMISÉES

La boucle for...in est plus sophistiquée que la boucle for basique, car elle dédoublonne les éléments d'une liste avant de commencer l'énumération. Aussi est-il généralement plus économe d'utiliser une boucle for simple lorsqu'on maîtrise bien la collection.

Exemple

Dans la boucle suivante, le for...in est mal utilisé :

```
var oSum = 0;
for( var i in oArray ) {
  oSum += oArray[i];
}
```

Préférer plutôt :

```
var oSum = 0;
var oLength = oArray.length;
for( var i = 0; i < oLength; i++ ) {
  oSum += oArray[i];
}
```

Éviter d'utiliser try...catch...finally

NON PRIORITAIRE	MISE EN ŒUVRE FACILE	IMPACT ÉCOLOGIQUE FAIBLE

RESSOURCES ÉCONOMISÉES

Dans les parties du code gourmandes en ressources (certaines boucles, constructions de données complexes, etc.), éviter les appels à `try...catch...finally`.

En effet, lorsqu'une exception est levée, une variable (l'exception elle-même) est créée dans le bloc `catch` et détruite à la fin du bloc. La création de cette variable et sa destruction consomment inutilement des cycles CPU et de la mémoire vive. C'est pourquoi il est important de ne pas utiliser cette construction et de lui préférer, autant que possible, un test logique.

Exemple

Préférer un test logique :

```
var oProperties = ['first','second',...,'nth'], i;
try {
  for( i = 0; i < oProperties.length; i++ ) {
    test[oProperties[i]].someproperty = somevalue;
  }
} catch(e) {
  ...
}
```

Pour aller plus loin :

http://dev.opera.com/articles/view/efficient-javascript/?page=2#trycatch

Utiliser les opérations primitives

NON PRIORITAIRE	MISE EN ŒUVRE FACILE	IMPACT ÉCOLOGIQUE MOYEN

RESSOURCES ÉCONOMISÉES

L'emploi de méthodes pour les opérations de base engendre une consommation supplémentaire de ressources système. L'interpréteur doit en effet résoudre les objets puis les méthodes, rien que pour effectuer ces opérations simples du langage.

À éviter donc autant que possible.

Exemple

Ne pas écrire :

```
var min = Math.min(a,b);
A.push(v);
```

mais plutôt :

```
var min = a < b ? a : b;
A[A.length] = v;
```

Mettre en cache les objets souvent accédés en JavaScript

PRIORITAIRE	MISE EN ŒUVRE FACILE	IMPACT ÉCOLOGIQUE MOY

RESSOURCES ÉCONOMISÉES

L'accès au DOM *(Document Object Model)* est coûteux en termes de ressources processeur (cycles CPU). Aussi, lorsque vous utilisez plusieurs fois le même élément du DOM depuis JavaScript, stockez sa référence dans une variable afin de ne pas parcourir à nouveau le DOM pour ce même élément.

Exemple

Ne pas écrire :

```
document.getElementById('menu').property1 = 'foo';
document.getElementById('menu').property2 = 'bar';
```

mais plutôt :

```
$menu = document.getElementById('menu');
$menu.property1 = 'foo';
$menu.property2 = 'bar';
```

Bonne pratique n° 33

Modifier plusieurs propriétés CSS en une seule fois

PRIORITAIRE	MISE EN ŒUVRE STANDARD	IMPACT ÉCOLOGIQUE FORT

RESSOURCES ÉCONOMISÉES

Pour limiter le nombre de `repaint/reflow`, il est conseillé de ne pas modifier des propriétés une à une. Préférer l'ajout/la suppression de classes CSS, ce qui permet de modifier en une seule fois plusieurs propriétés, tout en ne générant qu'un `repaint/reflow` (voir la bonne pratique n° 41).

Exemple

Préférer l'écriture :

```
<style>
.in-error {
  color: red;
  font-weight: bold;
}
</style>
<script>
$el.bind('error', function () {
  $el.addClass('in-error');
});
$el.bind('running'), function () {
  $el.removeClass('in-error');
};
</script>
```

Bonne pratique n° 34

Valider le code JavaScript avec JSLint

PRIORITAIRE	MISE EN ŒUVRE FACILE	IMPACT ÉCOLOGIQUE FAIB

RESSOURCES ÉCONOMISÉES

L'analyseur de qualité du code JSLint vérifie que la syntaxe JavaScript utilisée sera comprise par tous les navigateurs. Le code obtenu respecte ainsi des contraintes syntaxiques qui permettent aux interpréteurs d'exécuter le code plus facilement et donc plus rapidement. Le processeur est donc sollicité moins longtemps.

Exemple

Pour utiliser cet outil : *www.jslint.com*

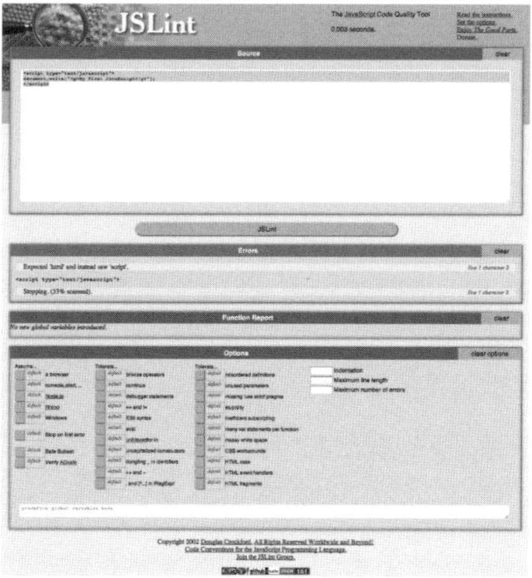

L'outil en ligne JSLint vérifie la syntaxe du code JavaScript et détecte les erreurs et les incompatibilités (source : Douglas CrockFord).

Privilégier les changements visuels instantanés

CONSEILLÉ	MISE EN ŒUVRE STANDARD	IMPACT ÉCOLOGIQUE FORT

RESSOURCES ÉCONOMISÉES

Les animations, qu'elles soient réalisées en CSS ou pilotées par JavaScript, génèrent beaucoup de `repaint/reflow`. Pour moins consommer de cycles CPU, il est donc préférable d'utiliser des changements instantanés plutôt qu'animés.

Exemple

Éviter les effets JavaScript de fade in/fade out dans les sliders.

Ne pas écrire :

```
<script>
$('a').click(function () {
    $('#foo').fadeIn();
});
</script>
```

mais plutôt :

```
<script>
$('a').click(function () {
    $('#foo').show();
});
</script>
```

Bonne pratique n° 36

Privilégier les variables locales

NON PRIORITAIRE | MISE EN ŒUVRE FACILE | IMPACT ÉCOLOGIQUE MOYEN

RESSOURCES ÉCONOMISÉES

En JavaScript, lorsqu'on fait appel à une variable globale, le moteur d'interprétation doit vérifier :

- qu'elle existe dans le scope actuel, dans celui du dessus, etc. ;
- que la variable dispose d'une valeur ;
- ...

Pour éviter toutes ces vérifications, il est souvent envisageable de passer les variables utiles en arguments des routines, les rendant locales. Ce procédé permet ainsi d'économiser du temps de calcul (cycles CPU).

Exemple

Ne pas écrire :

```
var aGlobal = new String('Hello Dolly');
function globalLength() {
  length = aGlobal.length;
  console.log(length);
}
globalLength();
```

mais plutôt :

```
var aGlobal = new String('Hello Dolly');
function someVarLength(str) {
  length = str.length;
  console.log(length);
}
someVarLength(aGlobal);
```

Privilégier les fonctions anonymes

NON PRIORITAIRE	MISE EN ŒUVRE FACILE	IMPACT ÉCOLOGIQUE FAIBLE

RESSOURCES ÉCONOMISÉES

Puisque JavaScript autorise l'écriture de fonctions anonymes, les utiliser lorsque c'est possible et que la maintenabilité du projet n'est pas remise en cause. De cette façon, l'interpréteur n'a plus besoin de résoudre le nom de la fonction.

Attention, cette bonne pratique ne s'applique que si la fonction est utilisée une seule fois. Dans le cas contraire, vous devez nommer cette fonction.

Exemple

Ne pas écrire :

```
(function(){
  function invokeMe() {
    /*code*/
  }
  setTimeout(invokeMe, 5);
})();
```

mais plutôt :

```
(function(){
  setTimeout(function(){ /*some code here*/ }, 5);
})();
```

Bonne pratique n° 38

Utiliser le concaténateur de chaînes de façon optimale

NON PRIORITAIRE	MISE EN ŒUVRE FACILE	IMPACT ÉCOLOGIQUE FAIBL

RESSOURCES ÉCONOMISÉES

JavaScript génère, en tâche de fond, des variables temporaires lors des concaténations de variables. Dans ce contexte, certaines syntaxes sont plus efficaces que d'autres et permettent ainsi de réduire la consommation de mémoire vive.

Exemple

Ne pas écrire :

```
a += 'x' + 'y';
```

mais plutôt :

```
a += 'x';
a += 'y';
```

Bonne pratique n° 39

Utiliser Ajax pour les zones de contenu souvent mises à jour

NON PRIORITAIRE	MISE EN ŒUVRE DIFFICILE	IMPACT ÉCOLOGIQUE MOYEN

RESSOURCES ÉCONOMISÉES

En général, les gabarits des pages sont mis en cache au niveau des reverse proxies. Il est alors conseillé de générer par des appels Ajax les zones de contenu qui nécessitent un taux de rafraîchissement plus élevé.

Ainsi, le serveur applicatif ne génère que les parties dynamiques des pages, et non les pages entières.

Exemple

Les sites d'actualité utilisent très souvent ce procédé, qui permet d'identifier clairement les zones qui nécessitent d'être mises à jour rapidement (flash d'informations, données météo, cours de la Bourse, résultats sportifs, etc.).

Utiliser la délégation d'événements

PRIORITAIRE	MISE EN ŒUVRE FACILE	IMPACT ÉCOLOGIQUE FOR

RESSOURCES ÉCONOMISÉES

La délégation d'événements permet de ne pas surcharger la mémoire du navigateur en instanciant un seul écouteur pour plusieurs éléments du DOM *(Document Object Model).*

Exemple

L'élément du DOM dont l'ID est `t` est déclaré comme le délégué. Il intercepte les événements de tous ses fils.

```
(…)
  <style type="text/css">
    #t { border: 1px solid red }
    #t1 { background-color: pink; }
  </style>
  <script type="text/javascript">
  function modifyText(new_text) {
    var t2 = document.getElementById("t2");
    t2.firstChild.nodeValue = new_text;
  }
  function load() {
    var el = document.getElementById("t");
    el.addEventListener("click", function() {
      modifyText("four")}, false); }
  </script>
</head>
<body onload="load();">
<table id="t">
  <tr><td id="t1">one</td></tr>
  <tr><td id="t2">two</td></tr>
</table>
(…)
```

Bonne pratique n° 41

Réduire au maximum le repaint (appearence) et le reflow (layout)

PRIORITAIRE	MISE EN ŒUVRE STANDARD	IMPACT ÉCOLOGIQUE FORT

RESSOURCES ÉCONOMISÉES

Le `repaint` est le changement d'apparence d'un élément du DOM *(Document Object Model)*, tandis que le `reflow` est le changement/recalcul de la position des éléments dans le DOM. Ces deux opérations sont coûteuses en ressources, notamment en cycles CPU : il faut donc éviter de les déclencher.

Exemple

Pour éviter les `repaint`, ne pas modifier les propriétés stylistiques d'un élément (couleur de fond, style de bordure, couleur du texte, taille, etc.).

Pour éviter les `reflow`, limiter les changements de propriétés de position, de dimension, de type de positionnement, de contenu, etc. Cette suggestion est notamment valable pour certains éléments HTML tels que les tables, dont le `reflow` peut nécessiter jusqu'à trois fois plus de temps qu'un élément équivalent avec un `block display`.

Pour aller plus loin :

http://dev.opera.com/articles/view/efficientjavascript/?page=3#reflow

https://developers.google.com/speed/articles/reflow

Bonne pratique n° 42

Ne pas modifier le DOM lorsqu'on le traverse

PRIORITAIRE	MISE EN ŒUVRE STANDARD	IMPACT ÉCOLOGIQUE FOR
👍 👍 👍	⚙ ⚙ ⚙	🍃 🍃 🍃

RESSOURCES ÉCONOMISÉES

Modifier le DOM *(Document Object Model)* lorsqu'on le traverse peut engendrer des situations où la boucle devient très gourmande en ressources, notamment en cycles CPU. En effet, si on y ajoute des éléments en le traversant, il est possible de générer une boucle infinie qui consommera une grande quantité de ressources. Ce genre de modification est donc fortement déconseillée.

Exemple

Éviter :

```
<script>
$('a.extlink').each(function(el) {
  $(el).attr('rel', 'external nofollow');
});
</script>
```

Rendre les éléments du DOM invisibles lors de leur modification

CONSEILLÉ	MISE EN ŒUVRE FACILE	IMPACT ÉCOLOGIQUE FORT
2/3	1/3	3/3

RESSOURCES ÉCONOMISÉES

Lorsqu'un élément du DOM *(Document Object Model)* doit être modifié par plusieurs propriétés, chaque changement de style ou de contenu va générer un `repaint` ou un `reflow`. Aussi est-il généralement plus économe de :

- rendre l'élément invisible (passer la propriété `display` à `none`) (1 `reflow`) ;
- modifier toutes les propriétés de l'élément et rendre l'élément à nouveau visible (1 `reflow`).

Soit 2 `reflow` au maximum.

Exemple

Procéder comme suit :

```
var elem = document.getElementById('foo');
elem.style.display = 'none'; // Génère 1 reflow
elem.style.width   = '10em';
elem.style.height  = 'auto';
// ... autres changements ...
elem.style.display = 'block'; // Génère 1 reflow
```

Au final, 2 `reflow` sont nécessaires au lieu de 6 ou 7 potentiellement.

Code serveur

Général

SQL

CMS

HTML

PHP

Cookies

Éviter les redirections

PRIORITAIRE	MISE EN ŒUVRE DIFFICILE	IMPACT ÉCOLOGIQUE FOR

RESSOURCES ÉCONOMISÉES

Les redirections dégradent le temps de réponse, tout en consommant des ressources inutilement. Il faut donc les éviter autant que possible. Ces redirections peuvent avoir lieu à différents niveaux : code HTML, code JavaScript, serveur HTTP et serveur d'applications (PHP, etc.).

Exemple

Au niveau du serveur HTTP (Apache, dans ce cas), une redirection consiste à activer une réécriture systématique des URL via le fichier `.htaccess` :

```
<IfModule mod_alias.c>
  Redirect permanent http://ancienne_adresse.fr
http://nouvelle.adresse.fr/
</IfModule>
```

Mieux vaut remplacer manuellement les adresses statiques intégrées aux pages web.

Bonne pratique n° 45

Ne pas générer de page 404

PRIORITAIRE	MISE EN ŒUVRE DIFFICILE	IMPACT ÉCOLOGIQUE FORT

RESSOURCES ÉCONOMISÉES

La page 404 doit être la plus légère possible, et même idéalement inexistante. En effet, lorsque le navigateur demande une ressource qui n'existe pas (image, feuille de style CSS, fichier JavaScript, etc.), le serveur répond par la page 404, qui peut être plus lourde que la ressource demandée.

De plus, certains CMS exécutent leur routine de recherche de contenu (dans la base de données) pour tenter de trouver la page demandée. Par conséquent, du code serveur est exécuté, le serveur de base de données est sollicité, et la génération dynamique de la page HTML est exécutée. Tout ce processus aboutit à un gaspillage de cycles CPU, de mémoire vive et de bande passante.

Exemple

Éviter les pages 404 dynamiques, qui sont personnalisées en fonction du contenu de l'URL. Préférer une seule page 404 statique.

Bonne pratique n° 46

Mettre en cache les données calculées souvent utilisées

PRIORITAIRE	MISE EN ŒUVRE STANDARD	IMPACT ÉCOLOGIQUE FO

RESSOURCES ÉCONOMISÉES

Lorsque des calculs de valeurs ou de données sont coûteux en ressources, les mettre en cache si les valeurs demeurent inchangées, afin de ne pas réitérer ces opérations.

Exemple

Les systèmes de cache de type key-value store sont prévus pour stocker ces données. Généralement montés entièrement en mémoire vive (RAM), ils génèrent d'importantes économies de cycles CPU si les données calculées sont très souvent sollicitées.

Utiliser des variables statiques

PRIORITAIRE	MISE EN ŒUVRE FACILE	IMPACT ÉCOLOGIQUE FORT

RESSOURCES ÉCONOMISÉES

Lorsque le contexte le permet, utiliser des variables statiques pour éviter d'exécuter plusieurs fois le même code. Vous limiterez ainsi les cycles CPU inutiles.

Ce procédé est particulièrement efficace pour les procédures gourmandes en ressources.

Exemple

Pour ne charger qu'une seule fois un *parser* lourd à initialiser, utiliser les variables statiques :

```
private function dataParserLoad() {
  static $done = FALSE;
  if (!$done) {
    require_once APPLICATION_PATH_APP . '/
libraries/DataParser/Parser.php';
    $this->parser = new DataParser();
    $done = TRUE;
  }
}
```

Libérer de la mémoire les variables qui ne sont plus nécessaires

PRIORITAIRE	MISE EN ŒUVRE FACILE	IMPACT ÉCOLOGIQUE FOR

RESSOURCES ÉCONOMISÉES

Libérer la mémoire vive dès que possible. Supprimer notamment les tableaux qui peuvent rapidement contenir des quantités importantes d'informations.

Exemple

Optimiser le code suivant :

```
$crm = new CrmConnection();
$this_month_clients = $crm->fetchAllClients()-
>filtersByLastActivity(LAST_MONTH);
$recipes = some_long_function_which_extracts_
recipes_from_clients($this_month_clients);
$pdfs = generate_pdf_for_recipes($recipes);
return $pdfs;
```

par :

```
$crm = new CrmConnection();
$this_month_clients = $crm->fetchAllClients()-
>filtersByLastActivity(LAST_MONTH);
unset($crm);
$recipes = some_long_function_which_extracts_
recipes_from_clients($this_month_clients);
$pdfs = generate_pdf_for_recipes($recipes);
unset($recipes);
return $pdfs;
```

Bonne pratique n° 49

Ne pas appeler de fonction dans la déclaration d'une boucle de type for

PRIORITAIRE	MISE EN ŒUVRE FACILE	IMPACT ÉCOLOGIQUE FORT

RESSOURCES ÉCONOMISÉES

Ne pas appeler de fonction dans la déclaration d'une boucle de type `for`, afin d'éviter que la fonction ne soit appelée à chaque itération de la boucle.

Exemple

Ne pas écrire :

```
for ($i = 0; $i < count($array); $i++) {}
```

mais plutôt :

```
$count = count($array);
for ($i = 0; $i < $count; $i++) {}
```

Bonne pratique n° 50

Supprimer tous les warnings et toutes les notices

PRIORITAIRE	MISE EN ŒUVRE STANDARD	IMPACT ÉCOLOGIQUE FC

RESSOURCES ÉCONOMISÉES

Les warnings et notices ralentissent les serveurs d'applications tels que PHP, car ces derniers doivent retracer l'origine des erreurs et inscrire dans les différents journaux système les messages expliquant les problèmes rencontrés.

Exemple

Éviter :

```
<html>
<body>
<form method="post" accept-charset="utf-8">
  <input type="text" name="first_name" value="<?php
print $_POST['first_name'] ?>" placeholder="">
  <input type="text" name="last_name" value="<?php
print $_POST['last_name'] ?>" placeholder="">
</form>
</body>
</html>
```

`$_POST['first_name']` et `$_POST['last_name']` font générer des notices car ils ne sont pas nécessairement définis.

Utiliser la méthode GET pour les requêtes Ajax

CONSEILLÉ	MISE EN ŒUVRE STANDARD	IMPACT ÉCOLOGIQUE FORT

RESSOURCES ÉCONOMISÉES

Les requêtes en POST utilisent deux connexions TCP (l'une pour le header, l'autre pour les données à transférer), alors que les requêtes HTTP en GET n'en utilisent qu'une. Ces dernières garantissent donc une économie en nombre de connexions TCP.

Exemple

En GET :

```
$(document).ready(function() {
  $('a.get').click(function () {
    $.get('ajax/test.html', function(data) {
      console.log(data);
    });
  });
```

Cette approche nécessite une seule connexion TCP. À privilégier donc.

En POST :

```
  $('a.post').click(function () {
    $.post('ajax/test.html', function(data) {
      console.log(data);
    });
  });
});
```

Cette approche nécessite deux connexions TCP. À éviter.

Bonne pratique n° 52

Ne pas assigner inutilement de valeurs aux variables

NON PRIORITAIRE	MISE EN ŒUVRE FACILE	IMPACT ÉCOLOGIQUE FO

RESSOURCES ÉCONOMISÉES

Éviter de déclarer et d'utiliser des variables lorsque ce n'est pas indispensable. En effet, à chaque allocation correspond de la mémoire vive occupée.

Exemple

Ne pas écrire :

```
$clients = $crm->fetchAllClients();
return $clients;
```

mais plutôt :

```
return $crm->fetchAllClients();
```

Bonne pratique n° 53

Éviter d'effectuer des requêtes SQL à l'intérieur d'une boucle

PRIORITAIRE	MISE EN ŒUVRE STANDARD	IMPACT ÉCOLOGIQUE FORT

RESSOURCES ÉCONOMISÉES

Les requêtes SQL à l'intérieur d'une boucle posent de gros problèmes de performance, et ce d'autant plus si le(s) serveur(s) SQL n'est (ne sont) pas sur la machine locale. En effet, ces serveurs sont optimisés pour traiter plusieurs sélections, insertions ou modifications dans une seule requête ou une seule transaction.

Mal utilisées, ces requêtes consomment inutilement des cycles CPU, de la mémoire vive et de la bande passante.

Exemple

Ne pas écrire :

```
foreach ($userList as $user) {
  $query = 'INSERT INTO users (first_name,last_
name) VALUES("' . $user['first_name'] . '", "' .
$user['last_name'] . '")';
  mysql_query($query);
}
```

mais plutôt :

```
$userData = array();
foreach ($userList as $user) {
  $userData[] = '("' . $user['first_name'] . '", "'
. $user['last_name'] . '")';
}
$query = 'INSERT INTO users (first_name,last_name)
VALUES' . implode(',', $userData);
mysql_query($query);
```

Bonne pratique n° 54

Ne se connecter à une base de données que si nécessaire

PRIORITAIRE	MISE EN ŒUVRE STANDARD	IMPACT ÉCOLOGIQUE FO

RESSOURCES ÉCONOMISÉES

Déclencher une connexion à un serveur de base de données est coûteux en ressources pour le serveur d'applications, pour le serveur de base de données et, éventuellement, pour le réseau. Chaque fois que l'application peut se passer de la base de données, faites-le !

Exemple

Les outils dynamiques génèrent souvent des pages 404 pour les ressources (CSS, JavaScript, images, etc.) qui ne se trouvent pas sur le système de fichiers. Ces pages 404 sont générées une fois que le CMS a vérifié dans la base de données qu'aucun contenu ne correspond à l'URL demandée.

Aussi est-il judicieux de mettre en place un système de règles, excluant la recherche dans la base pour les URL contenant des extensions de type *.css, *.js, *.png, etc., afin de ne pas déclencher de connexion à la base de données.

Bonne pratique n° 55

Ne jamais écrire de SELECT * FROM

PRIORITAIRE	MISE EN ŒUVRE FACILE	IMPACT ÉCOLOGIQUE FORT

RESSOURCES ÉCONOMISÉES

Le serveur de base de données doit résoudre les champs en fonction du schéma. Si vous connaissez le schéma, il est vivement recommandé de nommer les champs.

Exemple

Ne pas écrire :

```
SELECT * FROM clients;
```

mais plutôt :

```
SELECT raison_social, adresse, code_postal,
telephone FROM clients;
```

Limiter le nombre de résultats

PRIORITAIRE	MISE EN ŒUVRE STANDARD	IMPACT ÉCOLOGIQUE FOR

RESSOURCES ÉCONOMISÉES

Lorsque c'est possible, limiter avec la clause `LIMIT` le nombre de résultats attendus pour une requête donnée. Cette approche permet de limiter le nombre de cycles CPU et la quantité de mémoire vive utilisés pour retrouver les enregistrements concernés.

Le gain en performance sera d'autant plus important si les enregistrements contiennent un grand nombre de champs volumineux.

Exemple

Si vous ne souhaitez afficher que les 25 premiers enregistrements d'une table contenant le nom et le prénom de personnes, remplacer lors de la sélection :

```
SELECT prenom, nom FROM personnes
```

par :

```
SELECT prenom, nom FROM personnes LIMIT 0, 25
```

Utiliser les procédures stockées

PRIORITAIRE	MISE EN ŒUVRE DIFFICILE	IMPACT ÉCOLOGIQUE FORT

RESSOURCES ÉCONOMISÉES

Les procédures stockées sont plus performantes et économes en ressources que les requêtes SQL envoyées par le serveur d'applications vers le système de gestion de base de données relationnelles (SGBDR).

Deux raisons à cela :

- une procédure stockée économise au serveur l'interprétation de la requête puisqu'elle est précompilée ;
- une procédure stockée est moins gourmande en bande passante puisqu'il y a moins d'informations échangées entre le serveur et le client.

Il faut donc s'appuyer au maximum sur cette fonctionnalité du SGBDR.

Tous les SGBDR récents (SQL Server, MySQL, PostgreSQL, etc.) prennent en charge les procédures stockées.

Exemple

Quand utiliser les procédures stockées ?

- Pour éviter d'envoyer des requêtes complexes au serveur SQL, qui font l'objet d'une analyse syntaxique puis d'une interprétation avant d'être exécutées. Ces étapes consomment beaucoup de ressources.
- Pour simplifier le code du site et favoriser ainsi sa maintenabilité. En effet, l'empreinte écologique d'un site est aussi constituée des ressources mises en œuvre pour le maintenir et le faire évoluer.

Utiliser tous les niveaux de cache du CMS

PRIORITAIRE	MISE EN ŒUVRE FACILE	IMPACT ÉCOLOGIQUE FORT
3/3	1/3	3/3

RESSOURCES ÉCONOMISÉES : processeur, mémoire

Si le CMS (comme Drupal, eZ Publish...) propose un système de cache à plusieurs niveaux, utiliser ces différents niveaux car leur granularité permet de réduire les ressources consommées (cycles CPU, mémoire) et d'offrir de bonnes performances à l'utilisateur.

Exemple

Dans sa configuration de base, Drupal possède 6 niveaux de cache.

1. La table (ou le bin depuis Drupal 7) `cache` enregistre une copie de la configuration des modules, de la structure de toutes les autres tables et de toutes les informations concernant le thème utilisé sur le site.
2. La table cache `page` enregistre une copie des pages, mais seulement pour les utilisateurs non identifiés.
3. La table cache `block` enregistre une copie des blocs.
4. La table cache `menu` enregistre une copie du menu de navigation et des URL qui lui sont associées.
5. La table cache `filter` enregistre une copie de tous les contenus des nœuds *(nodes)*, une fois qu'ils ont été filtrés par le système de filtre.
6. La table cache `form` enregistre tous les formulaires soumis à la Form API.

Il faut mettre en cache les requêtes des vues, les résultats des vues, les blocs affichant les vues et la page dans son ensemble. Vous pouvez également jouer sur les stratégies de cache pour augmenter le TTL *(Time to Live)* des éléments HTML qui sont rarement modifiés.

Bonne pratique n° 59

Utiliser un moteur de templating

NON PRIORITAIRE	MISE EN ŒUVRE STANDARD	IMPACT ÉCOLOGIQUE FORT

RESSOURCES ÉCONOMISÉES

À l'instar de Smarty ou Twig, les moteurs de templating fournissent presque toujours un système de mise en cache des templates compilés, dans un fichier binaire contenant du code intermédiaire appelé bytecode.

Le gain en nombre de cycles CPU est souvent très significatif, surtout lorsqu'un cache de code intermédiaire se greffe au système de cache du moteur de templating.

Exemple

Pour activer le cache de Smarty :

```
<?php
require('Smarty.class.php');
$smarty = new Smarty;
$smarty->caching = 1;
$smarty->display('index.tpl');
?>
```

Bonne pratique n° 60

Utiliser la simple quote (') au lieu du guillemet (")

NON PRIORITAIRE	MISE EN ŒUVRE FACILE	IMPACT ÉCOLOGIQUE MOY

RESSOURCES ÉCONOMISÉES

Pour déclarer une chaîne de caractères en PHP, on peut l'encadrer par des quotes (') ou des guillemets ("). La forme utilisant les guillemets permet au développeur d'insérer des variables qui seront substituées lors de l'exécution.

Mais si la chaîne de caractères ne possède pas de variable, utiliser plutôt les quotes. Ainsi, PHP ne recherchera pas les variables à substituer, ce qui réduira la consommation de cycles CPU.

Exemple

Optimiser le code suivant :

```
echo "Lorem ipsum dolor sit amet, consectetur
adipisicing elit, sed do eiusmod tempor
incididunt.";
```

par :

```
echo 'Lorem ipsum dolor sit amet, consectetur
adipisicing elit, sed do eiusmod tempor
incididunt.';
```

Bonne pratique n° 61

Remplacer les $i++ par des ++$i

NON PRIORITAIRE	MISE EN ŒUVRE FACILE	IMPACT ÉCOLOGIQUE FAIBLE

RESSOURCES ÉCONOMISÉES

La forme `$i++` présente l'inconvénient de générer une variable temporaire lors de l'incrémentation, ce qui n'est pas le cas avec la forme `++$i`.

Exemple

Éviter :

```
$i++
```

qui génère 4 opcodes.

Préférer :

```
++$i
```

qui n'en génère que 3.

Bonne pratique n° 62

Mettre en cache le bytecode

PRIORITAIRE	MISE EN ŒUVRE STANDARD	IMPACT ÉCOLOGIQUE FOR

RESSOURCES ÉCONOMISÉES

Le bytecode (appelé opcode dans le cas de PHP) est le code binaire généré à partir du code source. Certains accélérateurs permettent de mettre en cache ce bytecode, ce qui évite de le recompiler à chaque fois à partir du code source. Cette réduction du temps de compilation économise des cycles CPU et de la mémoire vive.

Exemple

Un script de référence PHP peut servir :

- 298 requêtes par minute (sans accélérateur) ;
- 914 requêtes par minute (avec l'accélérateur APC).

Soit 3 fois plus de requêtes pour la même machine.

Pour consulter la liste des accélérateurs pour PHP :

http://en.wikipedia.org/wiki/List_of_PHP_accelerators

On peut aussi citer le compilateur HipHop for PHP, qui permet de traduire le code source PHP en C++, lequel est ensuite compilé en binaires natifs à l'aide de g++.

Bonne pratique n° 63

Optimiser la taille des cookies

NON PRIORITAIRE	MISE EN ŒUVRE STANDARD	IMPACT ÉCOLOGIQUE MOYEN

RESSOURCES ÉCONOMISÉES

Un cookie permet de maintenir un état entre le navigateur de l'internaute et le serveur web distant grâce à des identifiants. Ce fichier texte est transféré dans chaque requête HTTP. Il faut donc optimiser au maximum sa taille et le supprimer dès que sa présence n'est plus obligatoire.

Exemple

On peut supprimer automatiquement un cookie lorsqu'il n'est plus utile, en précisant une date d'expiration, de la manière suivante :

```
Set-Cookie: user_mavariable=mavaleur; expires=Wed,
12 Dec 2012 07:42:30 UTC
```

Voir la RFC 2109 de l'IETF *(Internet Engineering Task Force)* pour en savoir plus sur les cookies :

www.ietf.org/rfc/rfc2109.txt

Hébergement

Infrastructure

Architecture

Paramétrage

Optimisation

Bonne pratique n° 64

Choisir un hébergeur « vert »

PRIORITAIRE	MISE EN ŒUVRE DIFFICILE	IMPACT ÉCOLOGIQUE FOR

RESSOURCES ÉCONOMISÉES Déchets électroniques, consommation électrique, émissions de gaz à effet de serre

Préférer un hébergeur qui combine des serveurs économes à des sources d'énergies renouvelables et qui compense ses émissions de gaz à effet de serre. Les six critères à prendre en compte sont :

1. gestion des DEEE (déchets d'équipements électriques et électroniques) ;
2. efficience énergétique du data center ;
3. politique d'achat responsable ;
4. respect de la dimension sociale ;
5. alimentation aux énergies renouvelables ;
6. compensation carbone.

Exemple

Les hébergeurs suivants utilisent exclusivement des énergies renouvelables ou compensées :

www.aiso.net

www.hostgator.com/green-web-hosting

http://commander.1and1.fr/details-green-energy

Pour aller plus loin :

www.lohier.org/Acteurs_GreenIT/acteurs-greenit-hebergeurs-verts.html

www.greenit.fr/article/bonnes-pratiques/quels-criteres-pour-identifier-un-hebergeur-vert-1538

Bonne pratique n° 65

Utiliser une électricité « verte »

PRIORITAIRE	MISE EN ŒUVRE FACILE	IMPACT ÉCOLOGIQUE FORT
3/3	1/3	3/3

RESSOURCES ÉCONOMISÉES Émissions de gaz à effet de serre

Pour la vie du site, utiliser une électricité qui soit produite à partir de sources d'énergies renouvelables, ou bien « neutralisée » via des certificats EECS *(European Energy Certificate System).*

Exemple

Le service WattImpact neutralise ainsi la consommation électrique de l'infrastructure technique d'un site (serveurs) et des ordinateurs des internautes. Pour plus de détails :

www.wattimpact.com

Pour en savoir plus sur les certificats EECS :

www.greenit.fr/tag/RECS

Bonne pratique n° 66

Optimiser l'efficacité énergétique des serveurs

PRIORITAIRE	MISE EN ŒUVRE DIFFICILE	IMPACT ÉCOLOGIQUE FO

RESSOURCES ÉCONOMISÉES Consommation électrique

À service rendu identique, il est possible de réduire la consommation électrique des serveurs en choisissant des équipements peu énergivores.

Exemple

Lors de l'achat, privilégier des serveurs équipés d'une alimentation électrique conforme à l'éco-label 80Plus (niveaux Platinum et Titanium). Préférer également les serveurs estampillés Energy Star.

Il est aussi possible de choisir une architecture matérielle adaptée au type d'application web. Par exemple, pour un site web à fort trafic, la physicalisation est mieux adaptée : elle consiste à utiliser *n* CPU très basse consommation, plutôt que *n* machines virtuelles s'exécutant sur un serveur physique dont le processeur (Xeon, etc.) est souvent énergivore.

Bonne pratique n° 67

Privilégier les serveurs équipés de mémoires SSD

PRIORITAIRE	MISE EN ŒUVRE FACILE	IMPACT ÉCOLOGIQUE FORT

RESSOURCES ÉCONOMISÉES

Les mémoires SSD *(Solid State Drive)* consomment moins d'électricité que les disques durs standards, car elles ne comportent pas de partie mécanique à faire tourner. Elles sont en outre plus rapides, si bien que le processeur est monopolisé moins longtemps.

Exemple

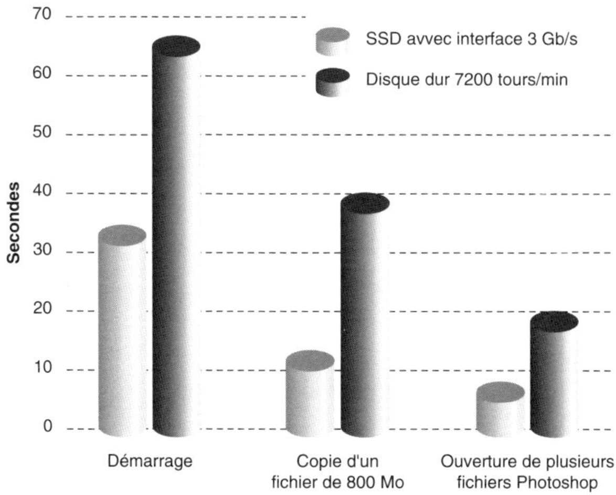

Les SSD consomment trois fois moins d'énergie tout en proposant de meilleures performances (source : Legit Reviews).

Bonne pratique n° 68

Utiliser des serveurs virtualisés

NON PRIORITAIRE	MISE EN ŒUVRE DIFFICILE	IMPACT ÉCOLOGIQUE FO

RESSOURCES ÉCONOMISÉES

Au lieu d'utiliser un serveur dédié pour chaque projet, et de le charger au maximum à 20 % de sa capacité, mutualiser les ressources machine en mettant en place un hyperviseur. En effet, une seule machine physique pourra offrir les mêmes services que 4 serveurs dédiés et chargés à 20 %. Le processeur et la mémoire vive seront utilisés de façon optimale, tout en consommant moins d'électricité que plusieurs serveurs physiques. Cette démarche permet également de réduire la quantité de déchets électroniques (DEEE) générés par le site.

Exemple

Utiliser des outils de virtualisation tels que VMware, Xen, KVM, etc.

Bonne pratique n° 69

Stocker les données dans le cloud

NON PRIORITAIRE	MISE EN ŒUVRE DIFFICILE	IMPACT ÉCOLOGIQUE MOYEN

RESSOURCES ÉCONOMISÉES

Pour optimiser l'espace de stockage nécessaire au site web, il peut être intéressant d'utiliser des solutions de cloud computing. Ainsi, on ne monopolise pas de ressources inutilement tout en disposant d'une solution évolutive.

Exemple

Pour la réalisation d'un jeu concours basé sur des témoignages vidéo, il est plus efficace de recourir au service de stockage S3 d'Amazon que d'ajouter de nouveaux disques durs aux serveurs existants.

Utiliser un reverse proxy

PRIORITAIRE	MISE EN ŒUVRE STANDARD	IMPACT ÉCOLOGIQUE FO

RESSOURCES ÉCONOMISÉES

Les reverse proxies (Varnish, Squid ou Nginx) sont optimisés pour servir du contenu (pages HTML, images, etc.) de façon rapide, tout en consommant le moins de cycles CPU possible. En évitant de solliciter inutilement le serveur d'applications, ils permettent d'utiliser une infrastructure plus réduite.

Exemple

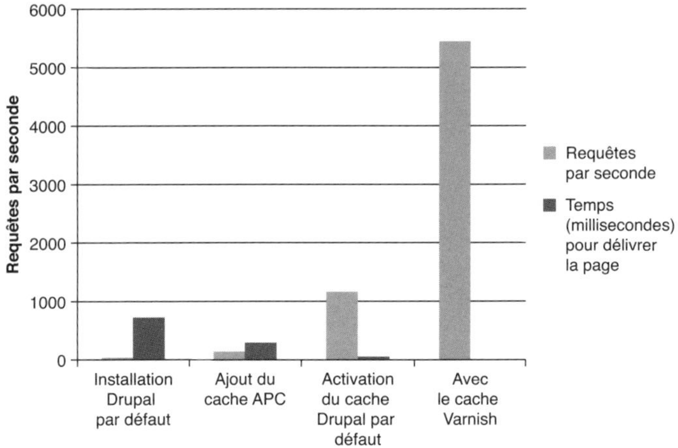

Le recours à un reverse proxy spécialisé comme Varnish réduit drastiquement le temps nécessaire pour servir les pages dynamiques, tout en augmentant la capacité du CMS (Drupal, ici) à en délivrer un grand nombre en même temps. On constate également qu'un cache généraliste comme APC n'est pas adapté (source : Asymptotix).

Bonne pratique n° 71

Héberger les ressources sur un domaine sans cookies

PRIORITAIRE	MISE EN ŒUVRE STANDARD	IMPACT ÉCOLOGIQUE FORT

RESSOURCES ÉCONOMISÉES

Les images, feuilles de style CSS et fichiers JavaScript doivent être hébergés sur un domaine sans cookies. Cela évite au navigateur d'envoyer un cookie pour chaque ressource... alors qu'il est inutile.

En effet, bien que transféré dans chaque requête HTTP, le cookie est inutile pour les contenus statiques, puisqu'il sert à maintenir un état entre le navigateur de l'internaute et le serveur d'applications distant grâce aux identifiants contenus dans le fichier texte. Il est donc préférable de stocker ce type de contenus sur un nom de domaine spécifique, par exemple *static.mondomaine.com.*

Exemple

Les leaders du Web utilisent un domaine séparé pour servir les ressources statiques qui ne nécessitent pas de cookies. Yahoo! emploie par exemple le domaine *yimg.com*, YouTube le domaine *ytimg.com* et Amazon le domaine *images-amazon.com.*

Bonne pratique n° 72

Installer uniquement les services indispensables sur le serveur

PRIORITAIRE	MISE EN ŒUVRE FACILE	IMPACT ÉCOLOGIQUE FO

RESSOURCES ÉCONOMISÉES

Désinstaller tous les services qui ne sont pas indispensables au bon fonctionnement du site. Cette mesure supprimera nécessairement des *daemons* (agents et services fonctionnant en permanence en mémoire), qui sont consommateurs de ressources, notamment en cycles CPU et en mémoire vive.

Exemple

Privilégier une installation « manuelle » du serveur (LAMP + CMS, par exemple) plutôt qu'une distribution avec une surcouche de type cPanel ou Plesk. Et si une surcouche d'administration est nécessaire, préférer des solutions légères comme Webmin.

Bonne pratique n° 73

Utiliser un CDN

CONSEILLÉ	MISE EN ŒUVRE FACILE	IMPACT ÉCOLOGIQUE FAIBLE
2/3	1/3	1/3

RESSOURCES ÉCONOMISÉES

Certains fichiers comme les bibliothèques JavaScript, les feuilles de style CSS, les images, etc., sont gourmands en ressources réseau, car ils sont généralement nombreux et de petite taille. C'est pourquoi il est conseillé d'utiliser les CDN *(Content Delivery Network)*, qui rapprochent physiquement ces fichiers des internautes, générant de ce fait un gain important de bande passante et un meilleur temps de réponse.

Exemple

Utiliser les CDN fournis par Google qui hébergent les différentes bibliothèques JavaScript couramment utilisées.

Utiliser un serveur asynchrone

CONSEILLÉ	MISE EN ŒUVRE DIFFICILE	IMPACT ÉCOLOGIQUE FO

RESSOURCES ÉCONOMISÉES

Les serveurs (web, d'applications, etc.) tels que Nginx, node.js ou Gwan sont conçus pour utiliser le minimum de ressources possible. Grâce à leur fonctionnement en mode asynchrone, ils ne sont pas tenus de créer un processus ou un thread pour chaque requête. Ils évitent ainsi de gaspiller leurs ressources.

Alors que la plupart des serveurs web augmentent leur consommation de mémoire vive au fur et à mesure des sollicitations, les serveurs asynchrones demeurent eux très stables.

Exemple

Nginx a la réputation d'être plus performant qu'Apache. Il peut ainsi servir 2,1 fois plus de requêtes par seconde que ce serveur.

Pour aller plus loin :

http://nbonvin.wordpress.com/2011/03/14/apache-vs-nginx-vs-varnish-vs-gwan

http://nbonvin.wordpress.com/2011/03/24/serving-small-static-files-which-server-to-use

Bonne pratique n° 75

Ajouter des en-têtes Expires ou Cache-Control

PRIORITAIRE	MISE EN ŒUVRE FACILE	IMPACT ÉCOLOGIQUE FORT

RESSOURCES ÉCONOMISÉES

Les en-têtes Expires et Cache-Control définissent la durée pendant laquelle un navigateur doit conserver une ressource dans son cache. Il faut donc en prévoir et les configurer correctement pour les feuilles de style CSS, les scripts JavaScript et les images.

Idéalement, la durée de vie de ces éléments doit être la plus longue possible, afin que le navigateur ne les redemande pas au serveur. On économise ainsi des requêtes HTTP, de la bande passante et des cycles CPU côté serveur.

Exemple

Voici un exemple de configuration des en-têtes `Expires` et `Cache-Control` pour le serveur web Apache :

```
# BEGIN Cache-Control Headers
<IfModule mod_headers.c>
  <FilesMatch "\\.(ico|jpe?g|png|gif|swf|css|gz)$">
    Header set Cache-Control "max-age=2592000,
public"
  </FilesMatch>
  <filesMatch "\\.(html|htm)$">
    Header set Cache-Control "max-age=7200, public"
  </filesMatch>
</IfModule>
# END Cache-Control Headers
```

Bonne pratique n° 76

Compresser la sortie HTML

PRIORITAIRE	MISE EN ŒUVRE FACILE	IMPACT ÉCOLOGIQUE FO[RT]
RESSOURCES ÉCONOMISÉES		

Afin de limiter la bande passante consommée entre le client et le serveur, le contenu des pages HTML peut être compressé, lorsque le navigateur l'accepte.

Exemple

Avec Apache, les modes de compression Deflate ou gzip apportent des gains importants. Ainsi, pour un fichier HTML type de 26 Ko, il est réduit à 6 Ko après compression avec gzip.

Exemple de configuration Apache utilisant le mode Deflate :

```
<IfModule mod_deflate.c>
SetOutputFilter DEFLATE
# Don't compress
SetEnvIfNoCase Request_URI \.(?:gif|jpe?g|png)$
no-gzip dont-vary
SetEnvIfNoCase Request_URI
\.(?:exe|t?gz|zip|bz2|sit|rar)$ no-gzip dont-vary
</IfModule>
```

Bonne pratique n° 77

Utiliser les ETags

PRIORITAIRE	MISE EN ŒUVRE STANDARD	IMPACT ÉCOLOGIQUE FORT

RESSOURCES ÉCONOMISÉES

Un ETag est une signature jointe à une réponse du serveur. Si le client demande une URL (page HTML, image, CSS, etc.) dont le ETag est identique à celui qu'il a déjà, le serveur web lui répondra qu'il n'a pas besoin de télécharger la ressource et qu'il est préférable d'utiliser celle dont il dispose.

L'utilisation des ETags génère d'importantes économies de bande passante.

Exemple

Pour Apache, se reporter à la documentation FileETag :

http://httpd.apache.org/docs/2.0/mod/core.html#fileetag

Bonne pratique n° 78

Désactiver la directive AllowOverride d'Apache

PRIORITAIRE	MISE EN ŒUVRE FACILE	IMPACT ÉCOLOGIQUE MOY

RESSOURCES ÉCONOMISÉES

Lorsque la directive `AllowOverride` est activée, le serveur HTTP Apache doit remonter toute la hiérarchie des répertoires pour, peut-être, y trouver un fichier `.htaccess` contenant des règles de surcharge. C'est pourquoi il est conseillé de désactiver si possible cette directive dans la configuration d'Apache.

Exemple

Dans le fichier de configuration de votre hôte Apache, ajouter :

```
AllowOverride none
```

Pour aller plus loin :

http://httpd.apache.org/docs/2.0/mod/core.html#allowoverride

Bonne pratique n° 79

Désactiver certains logs d'accès du serveur web

CONSEILLÉ	MISE EN ŒUVRE STANDARD	IMPACT ÉCOLOGIQUE MOYEN

RESSOURCES ÉCONOMISÉES

Les logs d'accès du serveur web pouvant devenir très volumineux en fonction du trafic, il est recommandé de désactiver tous ceux qui ne sont pas indispensables. En limitant le nombre d'événements consignés dans le log de l'application, on évite des écritures sur le disque, ce qui limite la consommation de cycles CPU et réduit l'espace de stockage nécessaire.

Exemple

Configurer les logs Apache comme suit :

```
SetEnvIf Request_URI ".(ico|pdf|flv|jpg|jpeg|png|gif
|js|css|gz|swf|txt)$" dontlog
SetEnvIf Request_URI "^/rss/" dontlog
CustomLog /var/log/apache/access.log combined
env=!dontlog
```

Bonne pratique n° 80

Désactiver les logs binaires de MySQL ou MariaDB

CONSEILLÉ	MISE EN ŒUVRE FACILE	IMPACT ÉCOLOGIQUE MO

RESSOURCES ÉCONOMISÉES

Les logs binaires du serveur MySQL ou MariaDB peuvent devenir très volumineux, consommant des cycles CPU tout en générant des entrées-sorties (I/O) sur le disque dur, puisque chaque requête de modification/suppression est inscrite dans le fichier de log. Aussi, si vous avez la possibilité de désactiver ces logs, vous économiserez beaucoup de ressources.

Exemple

Pour MySQL, mettre en commentaire dans le fichier `my.cnf` (ou équivalent) :

```
# log-bin
# expire_logs_days = 10
```

Désactiver le DNS Lookup d'Apache

CONSEILLÉ	MISE EN ŒUVRE FACILE	IMPACT ÉCOLOGIQUE FORT

RESSOURCES ÉCONOMISÉES

À chaque fois qu'un serveur web reçoit une requête HTTP, il enregistre cette information dans un log, en traduisant généralement l'adresse IP de l'internaute en nom de domaine. Cette conversion (DNS Lookup) constitue l'un des goulots d'étranglement du serveur HTTP Apache.

À désactiver donc.

Exemple

Dans le fichier de configuration de votre serveur Apache, situé à l'adresse `/etc/apache/httpd.conf` ou à l'adresse `/etc/apache2/apache2.conf`, écrire :

```
HostnameLookups Off
```

Bonne pratique n° 82

Monter les caches entièrement en RAM

PRIORITAIRE	MISE EN ŒUVRE STANDARD	IMPACT ÉCOLOGIQUE FO

RESSOURCES ÉCONOMISÉES

Les systèmes de cache doivent être, autant que possible, montés entièrement en mémoire vive (RAM). Cette mesure permet d'éviter des entrées/sorties sur les disques durs, ainsi que des cycles CPU pour les gérer.

L'objectif est double : servir rapidement une réponse au client, et limiter le nombre de composants matériels (et logiciels) impliqués dans la réponse retournée par le serveur.

La mémoire vive étant très rapide en termes d'accès en lecture/écriture, la durée de consommation des ressources est particulièrement courte. En outre, la durée de vie des composants est allongée avec cette bonne pratique, puisqu'il n'y pas de mouvement mécanique comme lors d'un recours au disque dur.

Exemple

Exemple d'intégration d'un cache RAM à Drupal :

- intégration de Memcache : *http://drupal.org/project/memcache*
- intégration de Varnish : *http://drupal.org/project/varnish*

Exemple d'exécution de MySQL entièrement en mémoire :

http://qa.drupal.org/performance-tuning-tips-for-D7

Bonne pratique n° 83

Compresser les feuilles de style CSS et les bibliothèques JavaScript

PRIORITAIRE	MISE EN ŒUVRE FACILE	IMPACT ÉCOLOGIQUE FORT

RESSOURCES ÉCONOMISÉES

Compresser les feuilles de style CSS et les bibliothèques JavaScript pour limiter l'utilisation de la bande passante et améliorer les temps de chargement.

Exemple

Pour Apache, il suffit d'ajouter dans le fichier `.htaccess` (pour utiliser `DEFLATE`) :

```
# compress text, html, javascript, css, xml:
AddOutputFilterByType DEFLATE text/plain
AddOutputFilterByType DEFLATE text/html
AddOutputFilterByType DEFLATE text/xml
AddOutputFilterByType DEFLATE text/css
AddOutputFilterByType DEFLATE application/xml
AddOutputFilterByType DEFLATE application/xhtml+xml
AddOutputFilterByType DEFLATE application/rss+xml
AddOutputFilterByType DEFLATE application/
javascript
AddOutputFilterByType DEFLATE application/x-
javascript
# Or, compress certain file types by extension:
<files *.html>
SetOutputFilter DEFLATE
</files>
```

Minifier les fichiers JavaScript

PRIORITAIRE	MISE EN ŒUVRE FACILE	IMPACT ÉCOLOGIQUE FO

RESSOURCES ÉCONOMISÉES

Utiliser un outil tel que YUI Compressor pour :

- supprimer les espaces inutiles ;
- supprimer les sauts de lignes inutiles ;
- supprimer les points-virgules inutiles ;
- compresser les noms de variables locales.

Exemple

Utiliser le module Apache mod_pagespeed de Google pour automatiser cette opération.

Un fichier de référence JavaScript de 248 Ko ne pèse que 97 Ko après minification.

Bonne pratique n° 85

Combiner les fichiers CSS et les fichiers JavaScript

PRIORITAIRE	MISE EN ŒUVRE FACILE	IMPACT ÉCOLOGIQUE FORT

RESSOURCES ÉCONOMISÉES

La combinaison de feuilles de style CSS ou de bibliothèques JavaScript permet de réduire le nombre de requêtes HTTP.

Exemple

Le module Apache mod_pagespeed de Google permet d'automatiser ce processus. Il fournit un ensemble de filtres spécialisés, parmi lesquels :

- combine_css. Combine les CSS en une seule ;
- combine_javascript. Combine plusieurs fichiers JavaScript en un seul ;
- defer_javascript. Diffère l'exécution de JavaScript dans le code HTML ;
- extend_cache. Améliore les possibilités de mise en cache ;
- inline_preview_images. Retarde l'affichage des images originales et les remplace par des versions de moins bonne qualité tant qu'elles ne sont pas téléchargées ;
- outline_css. Déplace les gros styles CSS inline dans des fichiers pour améliorer leur propension à la mise en cache ;
- outline_javascript. Déplace les grosses balises `<script>` inline dans des fichiers pour améliorer leur propension à la mise en cache ;
- rewrite_css. Réduit les CSS ;
- sprite_images. Crée des sprites d'images.

Pour aller plus loin :

www.modpagespeed.com

Bonne pratique n° 86

Limiter le recours aux certificats SSL

CONSEILLÉ	MISE EN ŒUVRE STANDARD	IMPACT ÉCOLOGIQUE FAIB

RESSOURCES ÉCONOMISÉES

N'utiliser les certificats SSL que pour les rubriques et les services où c'est réellement indispensable. Le cryptage de l'ensemble des flux HTTP nécessite en effet une grande quantité de cycles CPU. Or le cryptage d'éléments statiques comme les images de la page (hors contenu) ne présente aucun intérêt, mais augmente considérablement la consommation de ressources.

Exemple

Dans le cas d'un espace client intégrant un catalogue de produits et services :

- limiter les flux HTTPS aux données sensibles ;
- afficher le catalogue en HTTP.

Bonne pratique n° 87

Mettre en cache les réponses Ajax

NON PRIORITAIRE	MISE EN ŒUVRE STANDARD	IMPACT ÉCOLOGIQUE MOYEN

RESSOURCES ÉCONOMISÉES

Les réponses Ajax qui seront inchangées dans un futur proche ne doivent pas être redemandées au serveur. Par conséquent, les mettre en cache pour économiser de la bande passante.

Exemple

Si une requête Ajax retourne une liste de noms de villes, de noms de contacts ou tout élément non calculé, il faut mettre ces réponses en cache du côté client pour ne pas générer à nouveau une requête vers le serveur.

Contenu

Vidéos

Images

Sons

Documents

Textes

Animations

E-mails

Adapter les vidéos aux contextes de visualisation

PRIORITAIRE	MISE EN ŒUVRE STANDARD	IMPACT ÉCOLOGIQUE FORT
3/3	2/3	3/3

RESSOURCES ÉCONOMISÉES

Prévoir plusieurs formats (taille, *frame rate*, compression audio, etc.) selon le contexte de lecture des vidéos (ordinateur de bureau, tablette Wi-Fi, smartphone EDGE....).

L'optimisation des vidéos doit être réalisée en dehors du site web, idéalement lors de la postproduction. Si ce n'est pas possible, utiliser des services comme Youtube ou Vimeo qui proposent, par défaut, plusieurs formats optimisés (SD, HD, etc.).

Exemple

Une aide utilisateur tournée en 1 680 × 1 050, d'une durée de 15 secondes, pèse :

- 49 Mo non optimisée ;
- 3 Mo optimisée pour une résolution égale ou supérieure à 1 024 × 720 en MPEG 4 / H.264 / AAC ;
- 1,2 Mo optimisée pour une résolution égale ou supérieure à 480 × 320 en MPEG 4 / H.264 / AAC.

On peut donc estimer un gain d'au moins 50 % du poids (et probablement des gains lors du décodage, car le format d'encodage tient compte des matériels cibles) entre la version « desktop » et la version « mobile » de la vidéo.

Avec 3 tailles différentes × 3 encodages différents, soit 9 versions d'une même vidéo, la plupart des cas devraient être couverts. Avec une logique de responsive design, il est possible de servir telle ou telle vidéo en fonction de règles simples telles que la résolution d'écran.

Bonne pratique n° 89

Redimensionner les images en dehors du code HTML

PRIORITAIRE	MISE EN ŒUVRE FACILE	IMPACT ÉCOLOGIQUE FORT

RESSOURCES ÉCONOMISÉES

Ne pas redimensionner les images en utilisant les attributs `HEIGHT` et `WIDTH` du code HTML. Cette approche impose en effet de transférer ces images dans leur taille originale, gaspillant ainsi de la bande passante et des cycles CPU.

Exemple

Une image de 350 × 300 pixels encodée en PNG 24 pèse 41 Ko. Redimensionnée dans le code HTML, la même image affichée en vignette à 70 × 60 pixels pèse toujours 41 Ko, alors qu'elle ne devrait pas dépasser 3 Ko ! Soit 38 Ko téléchargés à chaque fois pour rien...

La meilleure solution consiste à utiliser des images redimensionnées en dehors du code HTML à l'aide d'un logiciel de type Photoshop.

Dans la mesure où le contenu proposé par les utilisateurs du site web n'a pas de valeur ajoutée particulière, il est préférable de leur interdire la possibilité d'insérer des images à partir d'un éditeur WYSIWYG comme CKEditor.

Bonne pratique n° 90

Redimensionner les images en dehors du CMS

PRIORITAIRE	MISE EN ŒUVRE FACILE	IMPACT ÉCOLOGIQUE FOR

RESSOURCES ÉCONOMISÉES

Redimensionner et optimiser les images en dehors du site web. Cette mesure permet d'économiser beaucoup de bande passante et soulage le(s) processeur(s) et la mémoire vive, car un serveur web n'est pas optimisé pour le retraitement des images.

Exemple

Si l'image ajoutée directement dans le CMS pèse 7 Mo, on économisera :

- 7 Mo de bande passante lors de l'envoi ;
- 100 Ko lors de la visualisation du résultat ;
- 6,9 Mo de stockage sur le disque dur du serveur.

Sans parler des cycles CPU et de la mémoire vive...

Adapter les sons aux contextes d'écoute

PRIORITAIRE	MISE EN ŒUVRE FACILE	IMPACT ÉCOLOGIQUE FORT
3/3	1/3	3/3

RESSOURCES ÉCONOMISÉES

Les fichiers audio peuvent être volumineux et consommateurs de bande passante. Aussi est-il indispensable d'en optimiser le poids.

Privilégier 3 formats couvrant les 3 grandes plates-formes (Windows, Mac OS X et Linux) :

- MP3 (MPEG-1 Audio Layer 3) ;
- AAC (*Advanced Audio Coding*) ;
- Vorbis.

Ces formats appliquent des algorithmes de compression très évolués permettant des gains de poids significatifs.

Exemple

Des encodeurs comme LAME permettent de convertir au format MP3 des fichiers audio non compressés, mais également de jouer sur le taux d'échantillonnage, afin de gagner encore du poids, au détriment de la qualité audio. À tester sur chaque fichier sonore.

Dans le cas d'un fichier de référence WAV `son.wav` de 63 128 octets, sa conversion en MP3 donne :

- un fichier `son-128.mp3` de 10 823 octets (128 kb/s), 6 fois plus léger ;
- un fichier `son-64.mp3` de 6 508 octets (64 kb/s), 10 fois plus léger.

Bonne pratique n° 92

Encoder les sons en dehors du CMS

PRIORITAIRE	MISE EN ŒUVRE FACILE	IMPACT ÉCOLOGIQUE FOR

RESSOURCES ÉCONOMISÉES

Adapter et optimiser les sons en dehors du site web. Cette mesure permet d'économiser beaucoup de bande passante et soulagera la CPU et la mémoire vive, car un serveur web n'est pas optimisé pour le (ré)encodage des fichiers audio.

Exemple

Si le son ajouté directement dans le CMS pèse 7 Mo, on économisera :

- 7 Mo de bande passante lors de l'envoi ;
- 100 Ko lors de l'écoute du résultat ;
- 6,9 Mo de stockage sur le disque dur du serveur.

Bonne pratique n° 93

Compresser les documents

PRIORITAIRE	MISE EN ŒUVRE FACILE	IMPACT ÉCOLOGIQUE FORT

RESSOURCES ÉCONOMISÉES

Compresser tous les documents pouvant être téléchargés depuis une page web, sauf si la compression n'apporte pas un gain évident (par exemple, cas d'un PDF parfaitement optimisé pour le Web).

Exemple

Un document au format DOC pesant 7,8 Mo ne pèse plus que 5,5 Mo une fois compressé, soit un gain de 30 % (compression WinZip par défaut).

Types de fichiers bureautiques pouvant être compressés facilement :

- documents issus d'un traitement de texte (.doc, .docx, .rtf, .txt, etc.) ;
- documents issus d'un tableur (.xls, .xslx, etc.) ;
- présentations (.ppt, .pptx, etc.) ;
- documents PDF ;
- contenus multimédias (images, audio et vidéo).

Optimiser les PDF

PRIORITAIRE	MISE EN ŒUVRE FACILE	IMPACT ÉCOLOGIQUE FOR

RESSOURCES ÉCONOMISÉES

S'assurer, avant leur mise en ligne, que les PDF sont réellement optimisés pour le Web : taux d'échantillonnage et de compression des images, polices incorporées, résolution, etc.

Le cas échéant, proposer le téléchargement des PDF chapitre par chapitre.

Exemple

Pour un rapport annuel en PDF :

- vérifier que les images sont fortement compressées et à une résolution maximale de 72 dpi ;
- n'inclure que les principales polices ;
- découper le rapport en chapitres afin de limiter les téléchargements inutiles.

Si des contraintes d'accessibilité imposent la présence d'un lien vers un lecteur PDF, préférer un lecteur open source léger plutôt que le lecteur officiel d'Adobe :

- 2,3 Mo pour Sumatra PDF ;
- 70 Mo pour Adobe Reader.

Soit un gain de 67,7 Mo à chaque téléchargement.

Bonne pratique n° 95

Générer les PDF en dehors du CMS

PRIORITAIRE	MISE EN ŒUVRE STANDARD	IMPACT ÉCOLOGIQUE FORT

RESSOURCES ÉCONOMISÉES

La génération de PDF « à la volée » est extrêmement consommatrice de cycles CPU et de mémoire vive. Par conséquent, ne pas générer les PDF à la demande, page par page, mais proposer plutôt quelques fichiers générés et optimisés en dehors du CMS.

Exemple

Dans le cas d'un catalogue, la concaténation « à la volée » de fiches elles-mêmes créées à la volée doit être évitée à tout prix.

Bonne pratique n° 96

Adapter les textes au Web

CONSEILLÉ	MISE EN ŒUVRE FACILE	IMPACT ÉCOLOGIQUE MOY

RESSOURCES ÉCONOMISÉES

Écrire des textes courts à l'aide d'un style direct. Favoriser la concision des idées exprimées, quitte à développer le propos sur plusieurs pages si le contenu est très long et/ou intègre beaucoup de notions différentes.

Découper en plusieurs pages les contenus d'une longueur conséquente.

Exemple

Si un sujet nécessite une longue explication, le découper en plusieurs pages et/ou le traiter dans un document à télécharger. Ainsi, les utilisateurs n'afficheront que les pages qu'ils souhaitent lire et ne téléchargeront que les fichiers qui les intéressent.

Bonne pratique n° 97

Limiter l'utilisation de Flash

CONSEILLÉ	MISE EN ŒUVRE FACILE	IMPACT ÉCOLOGIQUE FORT

RESSOURCES ÉCONOMISÉES

Pour animer des éléments d'une page, préférer HTML + JavaScript à Flash, qui requiert l'installation du plug-in Flash Player. Même si la performance pure du couple HTML + JavaScript - en termes de FPS *(Frame Per Second)*, par exemple - est moins bonne, elle demeure en effet suffisante dans la majorité des cas.

En outre, les bibliothèques JavaScript (comme jQuery) étant déjà chargées pour d'autres parties du site, on évite le téléchargement d'une bibliothèque spécifique, et donc l'ajout ou le téléchargement de code supplémentaire.

Exemple

Pour construire un slider avec des effets variés, jQuery fournit un ensemble de méthodes dédiées permettant de jouer sur :

- les couleurs ;
- les classes CSS ;
- 16 effets de transition ;
- des dizaines de déplacements ;
- ...

Pour aller plus loin :

http://jqueryui.com/demos

Bonne pratique n° 98

Dédoublonner les fichiers d'adresses e-mail avant envoi

PRIORITAIRE	MISE EN ŒUVRE STANDARD	IMPACT ÉCOLOGIQUE MOY

RESSOURCES ÉCONOMISÉES

Selon l'Ademe (Agence de l'environnement et de la maîtrise de l'énergie), un e-mail contenant une pièce jointe de 1 Mo a un bilan carbone de 19 grammes d'équivalent CO_2. Si l'on replace ce résultat dans le contexte d'une entreprise de 100 personnes envoyant en moyenne 332 e-mails par jour, 220 jours par an, cela représente 13,6 tonnes d'équivalent CO_2, soit 13 allers-retours Paris-New York en avion.

Autres chiffres : selon Google, dans une entreprise française de 500 personnes hébergeant ses serveurs de messagerie, chaque utilisateur consomme environ 16 kWh et 1,67 kg d'équivalent CO_2 par an pour envoyer et recevoir ses e-mails.

Au regard de ces données, il est donc essentiel, avant chaque envoi d'un e-mailing ou d'une newsletter, de s'assurer qu'un même utilisateur n'est pas inscrit quatre fois...

Exemple

Pour en savoir plus sur l'analyse de cycles de vies des technologies : *www.ademe.fr*

Bonne pratique n° 99

N'utiliser que des adresses e-mail double opt-in

PRIORITAIRE	MISE EN ŒUVRE FACILE	IMPACT ÉCOLOGIQUE FORT

RESSOURCES ÉCONOMISÉES

Le *double opt-in* est une pratique marketing consistant à demander le consentement du prospect, généralement par accord électronique en cochant une case, puis à faire valider ce consentement par l'envoi d'un e-mail de confirmation à l'adresse indiquée. L'état de l'adresse devient double opt-in lorsque le destinataire a cliqué sur un lien contenu dans le message reçu. Ce procédé permet de valider l'adresse et de vérifier que la personne qui l'a fournie en est bien propriétaire. Cette double vérification confirme ainsi l'engagement du prospect pour recevoir une newsletter, souscrire à un abonnement, etc.

Il est donc recommandé d'utiliser la pratique du double opt-in pour réduire significativement :

- le nombre d'e-mails sans véritable impact (et donc la bande passante consommée) ;
- la charge du serveur SMTP lors de l'envoi de l'e-mailing ;
- la charge du serveur lors du traitement des désabonnements.

Exemple

Dans le cas d'un opérateur téléphonique ou d'une banque, laisser aux clients le choix parmi un catalogue de produits ou de services pour lesquels ils acceptent d'être sollicités.

Préférer le texte brut au HTML

PRIORITAIRE	MISE EN ŒUVRE FACILE	IMPACT ÉCOLOGIQUE FO

RESSOURCES ÉCONOMISÉES

Lorsqu'une notification, une alerte ou un message de confirmation doit être envoyé par e-mail à l'utilisateur, préférer, quand c'est possible, du texte brut au code HTML.

Exemple

L'envoi d'un e-mail de confirmation de prise en compte d'une demande de contact ne justifie pas l'ajout de code HTML et d'images.

Un message HTML basique utilise en moyenne :

- au moins 2 images (le logo et une signature en bas de page), soit 10 Ko environ ;
- 12 Ko de code HTML pour la mise en page (styles inline, tableaux...) ;
- 4 Ko de texte (le message + 2 liens d'action).

Au final :

- e-mail HTML = 26 Ko ;
- e-mail text brut = 4 Ko.

Soit un gain de 22 Ko par e-mail envoyé.

Dans le cas d'un site transactionnel avec, par exemple, des alertes clients et internes, le gain potentiel devient considérable.